C.H.BECK WISSEN

Chopins Klaviermusik ist fester Bestandteil des Repertoires von Pianistinnen und Pianisten. Sie prägt die Hörerfahrung von Konzertbesuchern. Chopin hat Meisterwerke geschrieben, die kompositionstechnisch perfekt und zugleich hochexpressiv sind, Stücke, in denen Charme und Struktur sich verbinden. Viele seiner Kompositionen, von der «Revolutions-Etüde» bis zum «Regentropfen-Prélude», vom «Minutenwalzer» bis zu den Balladen und Klavierkonzerten, haben enorme Popularität erlangt. Zugleich aber ist durch Chopin unser Verständnis von den Möglichkeiten der Musik überhaupt verändert worden. Chopin hat die Grenze zwischen Improvisation und Komposition und das Verhältnis von Substanz und Ornamentik neu bestimmt. Er hat – im wörtlichen Sinn – Salonmusik geschrieben, die aber mühelos die engen Grenzen ihrer Entstehungsbedingungen übersteigt. Thomas Kabisch versucht, dem Geheimnis der Musikalischen Poetik des Komponisten auf die Spur zu kommen, indem er insistierende Versenkung in das einzelne Werk und kompositorische Details mit ideengeschichtlicher und kompositionsgeschichtlicher Reflexion verbindet. Vor dem Hintergrund einer Systematik der Gattungen der Chopin'schen Klaviermusik werden Stücke, die uns – vielleicht allzu – vertraut sind, in Distanz gerückt und sperrigere Werke dem Hören erschlossen.

Thomas Kabisch ist Professor für Musikwissenschaft (i. R.) an der Musikhochschule Trossingen. Er arbeitete zunächst über Franz Liszt, bevor er die französische Musik des 19. und 20. Jahrhunderts zu seinem bevorzugten Forschungsgebiet machte. Auch in seinen Veröffentlichungen zu ästhetischen Fragen spielen französische Autoren eine prominente Rolle.

Thomas Kabisch

CHOPINS KLAVIERMUSIK

Ein musikalischer Werkführer

C.H.Beck

Originalausgabe

www.chbeck.de
Satz: C.H.Beck.Media.Solutions, Nördlingen
Druck und Bindung: Druckerei C.H.Beck, Nördlingen
Reihengestaltung Umschlag: Uwe Göbel (Original 1995, mit Logo), Marion Blomeyer (Überarbeitung 2018)
Umschlagabbildung: Frédéric Chopin (verfremdet), Wikipedia
Printed in Germany
ISBN 978 3 406 76523 0

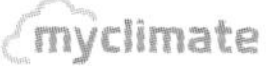

klimaneutral produziert
www.chbeck.de/nachhaltig

Inhalt

I Grundlagen

1 Ein Pole in Paris

Die ersten zwanzig Jahre seines Lebens war Fryderyk Chopin (1810–1849) ein polnischer Komponist. Er wuchs in Warschau auf, wurde am wenige Jahre zuvor gegründeten Konservatorium ausgebildet, frequentierte bereits als junger Mann die Salons der Aristokratie, kannte durch Aufenthalte auf dem Landsitz der Eltern aber auch das polnische Landleben, einschließlich der autochthonen Tanz- und Musikpraxis. Seine Kompositionen wurzeln im tonangebenden Brillanten Stil, der in ganz Europa verbreitet war. Die beiden Klavierkonzerte, vollgültige Werke, mit denen er sich Zuhörern in Warschau, Wien und später in Paris vorstellte, zeigen, wie Chopin aus den satztechnischen Konventionen des Brillanten Stils die technischen Grundlagen eines Komponierens gewinnt, das auf figurativer Verwandlung beruht. Figuratives Komponieren wird sich in den folgenden Jahren als überaus entwicklungsfähig erweisen und als anschlussfähig für die Integration anderer Techniken, etwa kontrapunktischer Verfahren.

Mit der Ankunft in Paris im Oktober 1831 wurde Frédéric Chopin ein Pariser Komponist, der polnische Musik schreibt. Die Musik selbst, nicht nur die empirische Person des Komponisten, gilt als polnisch, wird als wesentlich polnisch wahrgenommen und verstanden. In den Salons der «Hauptstadt des 19. Jahrhunderts» treffen seine Kompositionen auf einen ideengeschichtlichen Rahmen, in dem nationale Zuordnung Grundlage ist für universale Geltung. Gerade weil seine Musik den nationalen Geist realisiert, kann sie Anspruch erheben, die Menschheit und das Menschheitsprojekt der Musik voranzubringen. Gerade weil sie als durch und durch polnisch gilt, wird seine Musik, scheinbar paradox, von Nichtpolen verstanden und begeistert begrüßt.

Das Gemeinsame, Verbindende, Allgemeine der Menschheit realisiert sich nach zeitgenössischer Überzeugung, deren Ursprünge auf Herder und andere zurückverweisen, durch charakteristische Einzelbeiträge der Nationen. Zwar entspricht die soziale Wirklichkeit dem Anspruch auf Allgemeinheit, den nationale Bewegungen nach dem Vorbild der Französischen Revolution und ihrer gesamteuropäischen Resonanz erheben, nur selten. Auch und gerade die nationale Bewegung in Polen war eine Angelegenheit gebildeter Mittelschichten und des Landadels. Doch an der Wirksamkeit des ideengeschichtlichen Mechanismus, in den Chopins Musik eintritt, ändert das nichts. Insofern nach der herrschenden Vorstellung die «Diversität» der nationalen Bewegungen die Menschheit «eint», wird Musik durch die Charakteristik des Polnischen – wie immer es sich materialisiert – erweitert und befruchtet.

Das musikalische Hören und Komponieren profitiert von der Idee des National-Universalen direkt und an einem neuralgischen Punkt seiner nach-klassischen Entwicklung. Die Komponisten der Generation 1810 – Mendelssohn, Schumann, Liszt, Chopin – strapazieren das «Charakteristische» in einer Weise, die nach dem klassischen Maßstab der *diversity in unity* die Dominanz des Schönen und damit die Einheit der Form und den Kunstcharakter des Werks gefährden. Die aus dem politischen Denken in die musikalische Wahrnehmung hinein wirkende Prämisse, dass nationale Besonderheit und Universalität der Menschheit konvergieren, stützt ein musikalisches Hören, das die gesteigerte Charakteristik kompositorischer Elemente nicht als Widerspruch nimmt zu den klassischen Grundlagen des Verstehens und der musikalischen Rationalität. «Romantische» Charakteristik und «klassisch» integriertes Komponieren werden über den Bezug auf ihre politische Funktion versöhnt. Nicht die Ästhetik dient der Politik oder wird für politische Zwecke in Dienst genommen, sondern eine ästhetische Problematik wird durch Rekurs auf ein Allgemeines der Politik geheilt.

Die Verbindung musikalischer Wahrnehmung mit national-universalen Ideen aus dem politischen Raum kann auf die Idee von Partikularität und Universalität, von Charakteristik und Schönem, kann auf die philosophische Theorie epischer Dichtung zurückgreifen, deren Anfänge bei Herder und Hegel entwickelt wurden. In der ideengeschichtlichen Situation im Gefolge der Pariser Julirevolution von 1830 wurde sie zugespitzt. Sainte-Beuve schreibt:

> Die Mission, das Kunstwerk von heute, ist wirklich das menschliche Epos; es besteht darin, das Bewusstsein der fortschreitenden Menschheit im Drama und in der Ode, im Roman, in der Elegie, in tausend Formen zum Ausdruck zu bringen (...), es unablässig in tausend Farben zu spiegeln und auszustrahlen. (Varga-Behrer 2010, 30)

Hegel nennt als ein wesentliches Kriterium für Möglichkeit und Gelingen eines nationalen Epos, «dass sich in dem speziellen Volke und seiner Heldenschaft und Tat zugleich das Allgemeinmenschliche eindringlich ausprägt» (Hegel, Ästhetik III, 347). Herder fordert, «Anschauung und gleichsam handelnde Substanzialität» seien gleichermaßen zu realisieren. Dann könnten pittoreske Folklore und Wahrheitsgehalt in einem Kunstwerk koexistieren (Varga-Behrer 2010, 35).

Vor allem Chopins Werkreihe der Mazurken wird, wie Angelika Varga-Behrer gezeigt hat, von den Zeitgenossen in diesem Koordinatensystem aufgenommen. So fand die Idee einer Epopöe Eingang in die Musikauffassung des 19. Jahrhunderts. Franz Liszt hat sie bei Chopin beschrieben und in eigenen Arbeiten in den 1850er Jahren, den *Magyar Dalok* resp. in der Reihe der *Ungarischen Rhapsodien* auf seine Weise entwickelt.

2 Musik im Salon

Chopins Musik hat einen primären sozialen Ort. In den Salons der Aristokratie und Großbourgeoisie in Warschau und in Paris findet er Menschen, die seine Musik hören wollen. Die Strukturen der Pariser Salons bilden seit 1831 das Rückgrat seiner Publikationspolitik wie für seinen Aufstieg zum höchstbezahlten Klavierlehrer Europas. Verlagszeitschriften sorgen dafür, dass Ereignisse im Salon auch unter denen bekannt werden, die keinen Zugang haben. Exklusivität steht öffentlicher Wirkung nicht im Wege. Sie befördert sogar das Renommée des Komponisten, der selten nur im Großen Konzert zu hören ist.

Ein Salon ist als soziale Institution bestimmt durch den «Zusammenhang von konversationeller Geselligkeit, Gastfreundschaft, Liberalität, Meinungsbildung und sozialer Affektentfaltung» (Schmölders 1979, 66). Das Gespräch ist das Medium, in dem sich die sozialen Beziehungen und die Gegenstände konstituieren. Weder Sache noch Person dürfen sich vordrängen, wenn im Gespräch Sozialität emergieren soll. Es gilt, wie es bei Adalbert Stifter im *Nachsommer* heißt, zu sprechen, «ohne von den Gegenständen beherrscht zu werden, und ohne die Gegenstände ausschließlich beherrschen zu wollen».

In der Gesprächskultur des Salons kommt es mehr auf das Wie als auf das Was an. Es gilt, «de détourner les choses: die Dinge zu wenden; das heißt, von schwierigen Sachen einfach, (...) und von einfachen gekonnt zu reden» (Schmölders 1979, 34). Unter dem «Zwang zur Zwanglosigkeit» setzen sich sämtliche Gesprächsteilnehmer den Unvorhersehbarkeiten des Gesprächsverlaufs, der Zeit aus. Alle haben teil am gemeinsamen Projekt des Sich-Verständigens, des Sich-Austauschens. Darin erweist Salonkonversation sich als «Phänomen einer geselligen Affektivität sui generis» (Schmölders 1979, 32 und 65).

Die Mechanismen des Gesprächs im Salon unterliegen dem Wechselspiel von Konvention und Nuance. Die Affirmation der Konvention bildet die Voraussetzung, damit das «détourner les choses» funktioniert und das Gespräch nuancierend über seinen Gegenstand hinausgelangen und also eine spezifische Form von Geselligkeit entstehen kann, die sich dem Zugriff der «Individual- und Massenpsychologie» gleichermaßen entzieht (Schmölders 1979, 65). Auch musikalische Beiträge im Salon sind Teil der geselligen Gesamtsituation und deshalb der Erwartung konfrontiert, das geselligkeitsfundierende Verhältnis von Konvention und Nuance aufzunehmen. Dieses Verhältnis bestimmt den äußeren Rahmen, in dem Musik im Salon praktiziert und aufgenommen wird, und es reicht in Darbietungsweise und die Struktur des Dargebotenen selbst hinein.

Zuhörer durch abstrakt Neues schockieren und auf diese Weise Genialität demonstrieren zu wollen, verbietet sich für den Musiker im Salon. Doch der Abneigung gegen grelle Provokation und Originalitätssucht korrespondiert Aufgeschlossenheit gegenüber Ungewohntem. (Die europäische Erstaufführung der *Sonatas and Interludes* von John Cage fand im Pariser Salon der Mme Tézenas statt.) Unter den Bedingungen einer «konversationellen Geselligkeit» wird Musik anders gehört, gemacht und diskutiert als in der anonymen Welt der Konzertsäle.

Weil es einen realen Austausch zwischen den Akteuren des musikalischen Prozesses gibt, wird der Komponist entlastet von dem Zwang, alle Probleme der musikalischen Kommunikation im Innenraum der Vorstellung zu lösen. Er kann ein gelasseneres und zugleich kritisches Verhältnis zur klassischen Form entwickeln. Die *habitué(e)s* der Salons haben Gelegenheit, mit einer besonderen Art des Instrumentalspiels und mit neuartigen Stücken durch wiederholte Begegnung und wiederholtes Hören vertraut zu werden. Wenn der kommunikative Aspekt der Musik sozial ausagiert wird, verliert Form als «Anwalt des Hörers im Komponisten» (Michael Zimmermann) ihren bedrückenden Anspruch als eine Totalität, in der jede Einzelheit «aufgehoben» ist.

Chopin vermied in seinem Spiel dynamische Exzesse. Er gab den feineren Instrumenten von Pleyel den Vorzug gegenüber Erard, dessen Klaviere kräftiger und lauter klingen. Seine Abneigung gegen Drastik kommt den äußeren und inneren Bedingungen der Salonsituation entgegen oder entspringt gar dieser Situation. Chopin konnte auf Massivität verzichten, weil im Salon feine Effekte eine Chance haben, wahrgenommen zu werden. Statt einen großen Saal klanglich füllen zu müssen und eine Ansammlung von Leuten zu einem Auditorium zu machen und zum Zuhören zu bewegen, spielt der Pianist im Salon für Zuhörer, die in nächster Nähe sitzen oder stehen. Sie sind untereinander wie mit dem Künstler verbunden, bevor der erste Ton erklingt. Propaganda und Reklame erübrigen sich.

Zur zivilisatorischen Leistung wird Chopins Diskretion freilich erst dadurch, dass er innerhalb einer also reduzierten dynamischen Bandbreite die gesamte Skala dynamischer und artikulatorischer Bestimmungen des musikalischen Tons realisiert. Indem die Prämisse *halblaut* sich in Chopins Spiel und Musik mit einem besonderen Reichtum von Abstufungen verbindet und das Spektrum interner Unterscheidungen innerhalb eines reduzierten Ambitus von Möglichkeiten gar gesteigert wird, wird die Nuance zum Kriterium des Musikalischen. Der Ton, den Chopins Musik einsetzt, um vernehmbar zu werden, ist wesentlich infinitesimal.

Reduktion und Nuancierung sind nicht Mittel der Dämpfung, sondern der Schärfung. Chopins Salonmusik ist nicht verschwommen und undeutlich, sondern besonders präzis. Sie verlangt von Spielern und Zuhörern eine Feineinstellung der Wahrnehmung. Der geformte Einzelton zeigt sich, wenn bunte massenwirksame Dramaturgie ausgeschlossen ist, als Kern der Musik. Musik ist Bestimmung des Einzeltons, und der bestimmte Einzelton ist Musik.

Wer für die «gesellige Affektivität» des Salons komponiert, bewegt sich als Musiker nie in einem aseptischen Raum reiner Instrumentalmusik, sondern agiert stets und ständig in einer lebendigen Versammlung der Künste, die sämtlich auf unterschiedliche Weise auch Bezug zur Lebenswelt haben. Literatur, Theater, Oper, Tanz prägen den Erfahrungshorizont der Zuhörer und greifen in die Art und Weise musikalischer Wahrnehmung ein. Durch die Oper finden Performanz und Rollenprinzip Eingang in die Vorstellungswelt. Durch Dichtung und Roman sind Sprache und narrative Strategien präsent. Dass Klängen, bevor sie komponiert werden, Bedeutungen anhaften, dass sie in funktionalen Bindungen stehen und semantisch besetzt sind, und dass all diese Vorprägungen durch den instrumentalen Prozess transformiert werden, versteht sich für alle Beteiligten im Salon von selbst. Wo die Einheit musikalischer und literarischer Kultur gelebt wird, braucht ein Komponist das Konzept der Programmmusik nicht zu erfinden.

Liszt hat Chopin stets als Mitstreiter für dieselbe Sache betrachtet und unterstützt. Sein Buch über die Kunst des Freunds und Kollegen war bahnbrechend in der Chopin-Rezeption und ist lesenswert bis heute. Dennoch gibt es, was die soziale Praxis und das Projekt der Musik betrifft, kaum einen schärferen Gegensatz zu Chopin, dem Pianisten-Komponisten der Salons, als Franz Liszt, der zwar auch in Salons reüssierte, jedoch als Matador öffentlicher Auftritte vor großem Publikum sein Profil gewann und seine Idee der Musik ausschärfte.

Liszt träumt von einer sich sozial verstehenden, eingreifenden Kunst im Sinne des Saint-Simonismus der 1830er Jahre und verfolgt dieses Projekt sein Leben lang. Er schreibt, ziemlich rücksichtslos, was das Gelingen oder Misslingen des Einzelwerks betrifft, «Zukunftsmusik». Chopin dagegen kultiviert mit seiner Musik im Salon eine bestehende Form gesellschaftlichen Verkehrs, in der Musik eine ganze Palette von Funktionen erfüllt. Dass seine Option keine rückwärtsgewandte, keine bloß nostalgische war, nicht bloß Ausdruck der Sehnsucht eines polnischen Emigranten nach der guten alten Zeit; dass Chopins Modell Potential besaß über die Stücke hinaus, die er selbst unter den Bedingungen der ersten Jahrhunderthälfte schuf, ist an seinen Nachwirkungen zu erkennen, an den vielfältigen Resonanzen, die er vor allem bei französischen Komponisten der Jahrhundertwende – an erster Stelle ist Gabriel Fauré zu nennen – hervorgerufen hat.

3 Vom Pianisten-Komponisten zum Klassiker

Schumann oder Liszt beziehen sich, wenn sie Chopins Werke kommentieren, regelmäßig auf Art und Weise der Wiedergabe durch den Komponisten selbst. Nicht nur sein legendäres *tempo rubato* findet Erwähnung, auch seine fein nuancierte Behandlung des Klavierklangs, etwa in den Etüden op. 25, Nr. 1 und 2, kommt zur Sprache. Stets geht es dabei um den Zusammenhang von Spielweise und kompositorischer Faktur. Chopins Spielweise interessiert, weil durch sie erst die Kompositionen sich dem Verständnis öffnen.

Wenn aber die performative Bindung an situative und materiale Bedingungen für Chopins Musik so groß und so wesentlich ist, dann hat die Kategorie des autonomen Werks, das Realisationen unter verschiedenen Umständen erlaubt und verlangt, offenbar nur eingeschränkt Gültigkeit. Chopin erscheint als der geniale *singer-songwriter*, dessen musikalische Kunst mit seinem Verstummen als Ausführender und mit dem Untergang der Welt, in der er seinen Platz hatte, vergangen ist. Auch die Rolle der Partitur ist reduziert, wenn Komposition und Performanz auf besonders enge Weise verschlungen sind und das Verständnis der Werke ohne Kenntnis der auktorialen Aufführungspraxis verstellt ist.

Das Bild eines «Pianisten-Komponisten», dessen Kompositionen in Zusammenhang mit seiner improvisatorischen Tätigkeit in Salons entstehen, aber nur in eingeschränktem Maß Text-Status erlangen, ändert sich nach Chopins Tod grundlegend. An der Wende zum 20. Jahrhundert wird aus dem genialen Instrumentalmusiker Chopin ein *classicus auctor*. Diese Transfiguration ist Resultat einer verlegerischen Unternehmung und einer wissenschaftsgeschichtlichen Wende. Chopins Promotion zum Klassiker verdankt sich erstens dem Aufstieg der Idee des «Urtexts» und zweitens der Entstehung der «Institution Analyse».

In der Urtext-Bewegung wird die Textgestalt der Partitur zum wesentlichen Teil der Identität des Musikwerks erhoben. Durch die Akzentuierung des Texts erfährt zugleich die Autorität des Komponisten eine Aufwertung gegenüber der Ausführung. Chopin gerät in das Gravitationsfeld der Urtext-Bewegung, als kurz vor der Jahrhundertwende seine Etüden im Rahmen eines Projekts des Verlags Breitkopf & Härtel zusammen mit Klaviersonaten von Mozart und Beethoven sowie Werken von Carl Philipp Emanuel Bach erscheinen. Die exklusiv besetzte Reihe trägt den Titel «Urtext classischer Musikwerke». Ihre besondere Autorität und Strahlkraft beruht auch auf der Tatsache, dass sie herausgegeben wird «auf Veranlassung und unter Verantwortung der Akademie der Künste Berlin». Ein «Allgemeiner Vorbericht» informiert über das Ziel der Edition, der «Gefahr einer Quellenversumpfung vorzubeugen», die durch die Vorherrschaft der «sogenannte(n) ‹bezeichnete(n)› Ausgaben» gegeben sei. So wird der Pianist-Komponist Chopin zum Klassiker, und eine Gattung, in der pianistische Haptik, die Materialität des Instruments und die Logik virtuoser Überbietung vorherrschen, erlangt Textstatus im emphatischen Sinn. Ab sofort kommt es bei Chopin – wie bei Beethoven und Mozart – auf jede Note, auf jeden Legatobogen, auf jede dynamische Bezeichnung an. (Freilich werden unter der «identitären» Prämisse der Urtext-Bewegung auch die zahlreichen Varianten in Editionen zum Problem, die zu Lebzeiten und oftmals unter Mitwirkung Chopins entstanden sind.)

Die «Institution Analyse», die zu Beginn des 20. Jahrhunderts Chopins Werke für sich als Gegenstand entdeckt, unterscheidet sich von älteren Formen der Beschreibung und Zergliederung musikalischer Kompositionen durch die isolierende Betrachtung einzelner Satzdimensionen, vor allem aber durch die Zielsetzung: das einzelne Werk in Beziehung zu setzen zur Logik tonaler Musik überhaupt.

Hugo Leichtentritt zeigt, gestützt auf Riemanns Theorie der funktionalen Harmonik, dass Chopins «verfeinerte und durchgeistigte Technik der Komposition» (1921, IX) wesentliche Neuerungen angestoßen hat, zugleich aber in organischer Verbindung mit den musiksprachlichen Grundlagen steht. Chopins Schaffen gewinnt Bedeutung für das Verstehen von funktionaler Harmonik, von Musik überhaupt.

Bei Heinrich Schenker tritt die Verbindung des einzelnen Werks mit Wesen und Urgrund der Musik noch stärker hervor. Chopin ist für Schenker ein Genie (im Sinne des 18. Jahrhunderts), seine Kompositionen sind «Meisterwerke», weil in ihnen die *natura naturans* der Musik wirke und die Musik gleichsam «sich» komponiere. Mittels Dekolorierung sucht Schenker zum Quellgrund des Musikalischen vorzudringen und die individuelle Komposition auf eine Art Weltformel tonaler Musik zurückzuführen, die er «Ursatz» nennt. In Chopins figurativem Komponieren findet diese Idee einer generierenden Struktur, die durch analytische Reduktion des Figurierten auf Gerüste freigelegt werden kann, ihr ideales Objekt.

4 Einzelstücke und Werkreihen

Nur ein kleiner Teil des Klavierwerks von Chopin gehört etablierten Gattungen an. Die Klaviersonate steht an der Spitze des klassischen Systems der Klaviermusik. Konzerte und Variationen sind die prominenten und bewährten Gattungen reisender Virtuosen.

Der überwiegende Teil der Kompositionen Chopins trägt hingegen Titel, die lediglich Hinweise geben zum Charakter des betreffenden Stücks. Zu Gattungen, die mehr und anderes sind als Varianten innerhalb des weiten Felds des «Lyrischen Klavierstücks», werden Mazurken, Etüden, Impromptus, Walzer oder Nocturnes dadurch, dass Chopin sie als Werkreihen anlegt. Die Entstehung der Werkreihen erstreckt sich über viele Jahre. Einheit eines Gattungsmodells und Vielfalt der Lösungen, Gattungsidee und individuelle Ausformungen entwickeln sich gleichzeitig. Einheit und Vielfalt der Gattung sind gleichermaßen Ergebnis kontinuierlichen Austauschs zwischen dem Pianisten-Komponisten und seinem Publikum in den Salons. Das ist ihr «soziologischer Leib». Von hier beginnt ein «Loslösungs-, Verselbständigungs- und Vergeistigungsprozess», der die Gattung lebensfähig auch an anderen Orten und unter anderen Bedingungen macht (Ernst Troeltsch, *Gesammelte Schriften*, Tübingen 1922, III, 768).

Chopins Erzeugung von Gattungen durch Werkreihen hat eine prominente zeitgenössische Entsprechung in Mendelssohns *Liedern ohne Worte*. In Mendelssohns Fall hat die generative, begriffsbildende Kraft des Prinzips der Werkreihe womöglich gar unmittelbar auf die Theorie der Form ausgestrahlt. Dahlhaus vermutet, «es seien die *Lieder ohne Worte* gewesen [sc. und nicht das romantische Kunstlied oder das Volkslied], die Adolf Bernhard Marx die Anregung zur Bildung des Terminus ‹Liedform› gaben» (*Gesammelte Schriften*, Laaber 2003, VI, 432f.).

In jedem der folgenden Kapitel – mit Ausnahme von IV.1, das gattungsübergreifend Mechanismen des figurativen Komponierens gewidmet ist – wird eine einzelne Gattung behandelt. Die spezifischen Aufgabenstellungen, die der jeweiligen Gattung zugrunde liegen, werden aus ihren ideengeschichtlichen, sozialgeschichtlichen und kompositionstechnischen Voraussetzungen entwickelt. Ausgewählte Werke werden als individuelle Ausformungen des jeweiligen Gattungskonzepts, der Gattungsproblematik diskutiert. Die Spannung von Begriff der Gattung und Individualität des Einzelwerks hilft, die trüben Gewässer einer «stilistischen» Betrachtung zu vermeiden.

Zwölf Gattungs-Kapitel sind in drei thematischen Blöcken gebündelt. Der erste Block handelt vom sozialen Ort und der sozialen Bindung in Mazurken, Nocturnes, Polonaisen, Walzern – Gattungen, die sämtlich einen sehr unmittelbaren Bezug haben zum Musizieren und Hören im Salon. Im zweiten Block sind diejenigen Gattungen versammelt, in denen Chopin sich mit klassischem Formdenken und klassischen Standards musikalischer Rationalität auseinandersetzt. Dazu gehören neben den neu entwickelten Balladen und Scherzi auch seine Beiträge zu den tradierten Genres Solokonzert und Sonate. Im dritten Block schließlich geht es darum, wie Chopin das figurative Komponieren in Variationen, Impromptus, Etüden, Préludes, Fantasien systematisch entwickelt hat dergestalt, dass daraus eine kompositionstechnisch-ästhetische Alternative zur Tradition des «tönenden Diskurses» wurde, an die nachfolgende Generationen, insbesondere Komponisten der «Musikalischen Moderne» anknüpfen konnten.

So zeichnet sich in und unter der Fülle und Vielfalt der Chopin'schen Klaviermusik ein System von Gattungen ab, in dem die grundlegenden Widersprüche des Musikalischen ausgeschritten werden: das Verhältnis von Performanz und Text und das Verhältnis von Autonomie und sozialem Bezug. Die einzelne Gattung gewinnt ihr spezifisches Profil und ihre spezifischen Möglichkeiten aus der Art und Weise, wie sie diese Grundwidersprüche des Musikalischen austrägt.

II Konvention und Nuance: Musik im Salon

1 Chant national und Universalität: Mazurken

Chopin hat über 50 Mazurken geschrieben, weit mehr Einzelstücke als in jeder anderen Gattung seiner Klaviermusik. Ihre Entstehungszeit umfasst mehr als zwei Dezennien und reicht bis unmittelbar vor seinen Tod.

Die ersten Mazurka-Kompositionen erschienen 1826 in Warschau im Druck, kurze Stücke, die, entsprechend der Tradition der Salonmazurken des ersten Jahrhundertdrittels, durchweg homophon gehalten und periodisch disponiert sind. Die Melodie in der rechten Hand setzt sich aus kleinteiligen Motiven zusammen, die Begleitung der linken Hand aus harmoniebegründendem Basston und nachschlagenden Füllakkorden in mittlerer Lage.

Mit der Publikation der Sammlungen op. 6 und op. 7 (1832) hat Chopin die Mazurka als Gattung neu begründet. Neben die Mazurka als Charakter oder Topos, der definiert und auch in andere Zusammenhänge exportiert werden kann (op. 21, op. 44), tritt die Mazurka als eigenständige Gattung, die eine eigene innere Problemstellung in einer Reihe unterschiedlicher Realisierungen entfaltet. Ihre Pointe hat die «neue» Gattung im Wechselverhältnis usueller Elemente und deren artifizieller Verwandlung, in der Spannung von usuellen Satztechniken, Klangpatterns und bewegungsbestimmten Akzentmustern einerseits, kontrapunktischen Verfahren und komplexen harmonischen Relationen und Progressionen andererseits.

Aus dieser Spannung gewinnt Chopin Möglichkeiten einer flexiblen Satztechnik, die bis zu einer «Polyphonie der Texturen» reicht, in der Einstimmigkeit und Mehrstimmigkeit, Linearität und Akkordik resp. Klangprogression ineinander übergehen. In dem Maße, wie sich das Arsenal seiner Strategien der

Artifizialisierung erweitert, nutzt Chopin die ganze Vielfalt folkloristischer Vorlagen, die sich in rhythmischen und melodischen *patterns* sowie in Tempo und Charakter unterscheiden. Dabei steht der rhythmisch markierte Mazur gleichsam in der Mitte zwischen dem langsameren, lyrischen Kujawiak und dem raschen, lebhaften Oberek.

Der neue Anspruch und der neue Blick auf die Gattung formen sich zur Zeit von Chopins Übersiedlung nach Paris und im Zusammenhang der Erfahrungen, die er als Improvisator und Pianist in Salons machte. Auswahl und Gruppierung der Mazurken und der Zeitpunkt der Veröffentlichung sind, wie briefliche Äußerungen zeigen, kalkuliert (*Brief an die Familie*, 22. Dezember 1830).

Die Grundlegung der Gattung Mazurka und ihr durchschlagender Erfolg, der Aufstieg eines artifizialisierten Volkstanzes aus dem ländlichen Polen zum musikalischen Identifikationspunkt der besseren Pariser Gesellschaft, ist wesentlich ein ideengeschichtliches Phänomen. Ohne die Konstellation von *chant national* und Universalität und ohne die politische Begeisterung für den Freiheitskampf ferner Völker ist der soziale Erfolg der Gattung undenkbar. Die Pariser Salons mitsamt ihren publizistischen, verlegerischen und instrumentalpädagogischen Resonanzräumen sind der soziale Ort, an dem die Deutungen und Umdeutungen der Mazurka stattfinden (vgl. Kapitel I.1 und I.2). Kompositionstechnisches Potential und ideengeschichtliche Konjunktur konvergieren im Bild der Mazurken als musikalischer Epopöe.

In der Entwicklung der Gattung Mazurka treten eine Reihe von Aspekten hervor, die für Chopins Komponieren insgesamt wichtig sind, darunter die Vielfalt von Ausdifferenzierungen, derer das figurative Komponieren fähig ist, bis hin zum Kontrapunkt. Vor allem aber lässt sich an der Mazurka das allmähliche Heraustreten der Gattung aus dem sozialen Zusammenhang beobachten, dem sie ihre Entstehung verdankt. An der Mazurka, die sich im Salon ausformt, zeigt sich die «Ablösbarkeit der Kulturgehalte von ihren ursprünglichen historischen Situationen», der «Loslösungs-, Verselbständigungs- und

Vergeistigungsprozess aller einst konkreten und individuellen, überdies stark soziologisch bedingten Kulturgeschichte» (Troeltsch, 768 f.).

Die Sammlungen op. 6 und 7 geben einen ersten Eindruck von den Möglichkeiten, die sich dadurch eröffnen, dass Chopin die Mazurka aus der Tanzsphäre wie aus dem Bereich der Gelegenheitskomposition für Salons herauslöst und dabei die Verbindung zum Usuellen nicht kappt, sondern reflektiert. Im Spannungsverhältnis von Simplizität und Komplexität, von folkloristischen Modellen und artifizieller Ausarbeitung findet die usuelle Abstammung Eingang in das Gattungskonzept der artifiziellen Mazurka als autonomer Instrumentalmusik. Beginnend in op. 17 macht sich ein Zug ins Bedeutende und Komplexe bemerkbar, der Niederschlag findet auch in der Tendenz, von der Sammlung zum Zyklus überzugehen. In Mazurken der 1840er Jahre äußert sich die Tendenz zu gesteigerter Komplexität in zunehmender Verwendung kontrapunktischer Techniken und thematischer Arbeit. In manchen der späten Mazurken hingegen sind die technischen Mittel reduziert, so dass diese Stücke den Anfängen der Gattung in gewissem Sinn wieder näherstehen.

***

Die Mazurka **op. 7, Nr. 1** besteht aus einem Hauptteil mit zwei kontrastierenden Trios, die sich je spezifisch auf den Hauptteil beziehen, so dass ein funktional differenziertes Ganzes entsteht.

Im ersten Trio (T. 25), das den Dominantakkord der Grundtonart festhält, wird durch Hemmung der harmonischen und melodischen Bewegung der Schwung des wiederkehrenden Hauptthemas motiviert und frisch erlebbar gemacht.

Das zweite Trio (T. 45) hingegen führt weit weg vom Hauptthema. Die Oberstimme in T. 45 nimmt Bezug auf die melodischen Gerüsttöne, mit denen der Hauptgedanke schloss (T. 42–44 f”-es”-d”-c”-b’; T. 45–46 f”-e”-des”-c”-b’). Unterlegt ist die Oberstimme mit einem exotisch anmutenden Bordun. Der Hörer ist in doppelter Weise desorientiert. Mit der Quinte Ges-des befindet er sich harmonisch in maximaler Entfernung von der

Quintfamilie C-F-B. Aufgehoben ist zudem die funktionale Hierarchie von Melodie und Begleitung.

Eine andere Form nimmt die Relation von Simplizität und Artifizialität in **op. 7, Nr. 2** an. Die Melodiestimme ist in kleine Einheiten gestückelt. Jede Zweitaktgruppe des Hauptsatzes setzt neu an. Das entspricht der Faktur der folkloristischen Vorbilder.

Chopin gibt zwei unterschiedliche Antworten auf die Frage, wie aus der vor-artifiziellen Syntax der Folklore mit ihren kurzatmigen Phrasen eine organische Komposition entstehen kann. Die erste Durchführung (T. 17) knüpft motivisch an die expressiven fallenden Sekunden der Takte 2 und 4 an und verhält sich zum Rahmenteil auf synthetisierende Weise. Die Stückelung wird überwunden durch eine chromatische Folge, die durch aufgesetzte Sexten, durch eine harmonische Sequenz aus verminderten Septakkorden und ein deutlich ternäres, tänzerisches Metrum einen großen Bogen spannt, wie er im Rahmenteil nicht vorkommt.

Die umfangreichere zweite Durchführung dagegen verhält sich zum Rahmenteil analytisch. Zwei Teilaspekte werden aufgegriffen, isoliert und intensiviert. In T. 33–40 (und entsprechend später in T. 49 ff.) sind kadenzierende Folgen nach dem Vorbild der unmittelbar vorangegangenen Schlusstakte aufgenommen und *ad nauseam* verkettet. Die Takte 41 ff. dagegen bestehen ausschließlich aus einem fis-Moll-Dreiklang, der in beiden Händen parallel mit Nebennoten umspielt wird. Die beiden Teile der zweiten Durchführung verschärfen mithin die satztechnische Grunddifferenz von Parallelismen und harmonisch funktionalen Taktgruppen, die wesentlich verantwortlich ist für die Diskontinuität im Rahmenteil. Chopin hebt diese Diskontinuität nicht auf, sondern führt sie aus.

Die Mazurka **op. 7, Nr. 3** stellt mit ihrer weiträumigen Anlage und ausgedehnten Melodien die kontinuitätsbetonte Alternative dar zur Kurzatmigkeit des vorangehenden Stücks. Sie ist die umfangreichste und gestaltenreichste innerhalb der Sammlung op. 7. Ausgangspunkt ist eine folkloristisch-exotische *trouvaille*, eine leere Quint, deren Begrenzungstöne sich teils figurierend, teils unter harmonischer Gravitation um das Zentralintervall herum bewegen (T. 1–8). Mit dem Einsatz der Melodiestimme in T. 9 tritt der bislang ausgesparte Terzton hinzu und komplettiert den Dreiklang. Nach und nach differenziert sich das zunächst unterkomplexe Begleitsystem.

Die Teile und Hauptgestalten der Mazurka werden durch einen Tonartenplan klassischen Zuschnitts zusammengehalten und gegeneinander bestimmt (T. 9 f-Moll, T. 30 Durparallele As-Dur, ab T. 57 mit es-Moll und Des-Dur). In T. 57 setzt eine veritable Melodie ein, die längste und kantabelste des ganzen Stücks. Sie tritt in der Unterstimme auf und schlägt durch diese ungewöhnliche Lage den Bogen zurück zu den Einleitungstakten der Mazurka. Die entscheidende Bezugnahme auf den Beginn erfolgt jedoch ab T. 74, wenn der Bassabstieg vom Des zum C die charakteristische Nebennotenbewegung aufnimmt, mit der die leere Quinte in der Einleitung umspielt wurde.

Diese Nebennotenbewegung C-Des-C ist in der folgenden variierten Aufnahme der Einleitung (T. 77 ff.) dynamisch und durch Hinzufügung einer weiteren Oberquint markiert. Die Fundamentquint F-c bekommt die Nebenquinte des-as beigesellt (T. 78). Die folkloristische, usueller Musikpraxis entstammende Fremdheit des Beginns wird in Chopins Komposition auf zweifache Weise eingeholt: zunächst direkt expressiv überboten durch eine ausgedehnte Kantilene im tiefen Register (T. 57), dann verwandelt, strukturell gewendet in ein Element der harmonischen Konstruktion, so dass die Fremdheit der Einleitung in der «Reprise» gesteigert erscheint. Das Folkloristische ist erhalten und verwandelt zugleich.

Spieler und Hörer sind durch die Mazurka **op. 7, Nr. 5** vor die Frage gestellt, ob es sich um folkloristische Praxis oder um avanciertes Komponieren handelt. Ein Ton, der für sich allein das Vorspiel bestreiten muss, ist dauerpräsent, fixiert auch in derselben Lage. Er fungiert als Orgelpunkt in einem Teil, in dem ein Dominantseptakkord auf G mit einem Quartsextakkord auf G alterniert. Dann ist der Ton g Mittelstimme in einem Passus, der dasselbe Spiel mit einem Septakkord und einem Quartsextakkord auf D anstellt.

Vorherrschend bleibt ein Eindruck von Uneindeutigkeit, der entscheidend mit der Basston-/Grundton-Ambivalenz zu tun hat, die dem Quartsextakkord anhaftet. Zwar erklingen die Achtelimpulse der Begleitung in rascher Folge. Doch das harmonische Tempo geht gegen null. Die Klänge treten auf der Stelle, werden lediglich von der Ebene des Orgelpunkts g auf die Ebene des Orgelpunkts d versetzt.

Eine Melodiestimme im engeren Sinne gibt es nicht. Die rechte Hand bildet Nebennoten zu Gerüsttönen. Das d" in T. 5 bekommt eine Wechselnote e", der Ton g" in T. 7 einen Vorhalt a", das c"' in T. 8 einen Vorhalt d"'.

Funktionale Differenzierung ist harmonisch, syntaktisch, satztechnisch so konsequent vermieden, dass sogar die elementarste Erscheinung einer Formfunktion, die Schlussbildung, unmöglich wird. Der Notentext des Stücks endet zwar mit einem Dreiklang auf G, dem Ton also, mit dem es begonnen hat. Doch Chopins Anweisung *dal segno senza Fine* erzeugt einen «offenen Schluss», wie er aus folkloristischer Praxis bekannt ist, ein perpetuum mobile.

In **op. 7, Nr. 5** ist die Fremdheit der Folklore maximal. Usuelle Musik lässt sich nicht ästhetisch fixieren. Die Musikpraxis des ländlichen Raums bleibt ohne touristische Dämpfung, ohne Milderung ins Pittoreske.

In **op. 7, Nr. 4** beschränkt sich die kompositorische Erfindung darauf, den folkloristischen Melodieteilen, die klingen, als würden sie vom Komponisten zitiert, eine Begleitung zu unterlegen. Die folkloristischen Funde werden gerahmt. Eingriffe in das vor-artifizielle Material unterbleiben. Strukturell lebt das Stück aus der Differenz der Töne fes' und f' (T. 1, 3), e' und f' (T. 9) bzw. fis' und e' (T. 33).

Im Juni 1834 widmet ein anonymer Rezensent der *Gazette musicale de Paris* den gerade erschienenen Mazurken **op. 17** eine ausführliche Besprechung, in der auch Fragen der Gattung zur Sprache kommen. Chopins Mazurken eröffnen, so sein Ausgangspunkt, eine Alternative zur depravierten Musikkultur der Gegenwart. Sie seien einerseits «echt polnisch», also partikular, und erfüllten andererseits durch die Vielfalt und Beweglichkeit der in ihr statthabenden emotionalen Gehalte Anspruch auf Allgemeinheit.

> Das Verdienst dieses jungen Komponisten musste heutigen Tages umso stärker hervorstechen, da wir einen so bedauerlichen Mangel in den Formen der Kunst beklagen (...). Die echte polnische Mazurka, wie Herr Chopin sie uns wiedergibt, hat einen besonderen Charakter und eignet sich zugleich in vorzüglicher Weise zum Ausdruck düsterer Melancholie ebenso wie ausgelassener Freude; sie passt so gut zu Gesängen der Liebe wie des Krieges, dass sie uns manch anderen musikalischen Formen vorzuziehen zu sein scheint (...). Wenn gelegentlich der Wunsch geäußert wurde, Herr Chopin möge sich doch entschließen, Musik von etwas geringerer Schwierigkeit zu schreiben, so können wir bestätigen, dass das Werk, mit dem wir uns heute befassen, bis zu einem bestimmten Punkt diesem Wunsch Rechnung trägt. Allerdings muss, wer eine gute Ausführung dieser Mazurken zu Wege bringen will, den Charakter des Genies des Autors von innen heraus begriffen haben (...).
> Unter diesen vier Mazurken ist uns die letzte unbestritten die liebste. (...) Hier erscheint die Musik in vollem poetischem Glanz und in Regionen, zu denen die gewöhnliche Sprache nicht hinaufreicht. (*Gazette musicale*, 29. Juni 1834)

Aus der Gattungsbestimmung, die der Rezensent aus dem Zusammenspiel von Nationalcharakter und Universalität sowie der Verbindung von Komplexität und Schlichtheit entwickelt, lassen sich Richtung und Dynamik verstehen, die Chopins weitere Ausarbeitung der Mazurka genommen hat. Einerseits muss die Gattung, um Universalität zu erreichen, ins Große ausgreifen, «in Regionen, zu denen gewöhnliche Sprache nicht hinaufreicht». (Im selben Heft der Zeitschrift beginnt der Abdruck eines Aufsatzes von E. T. A. Hoffmann über Kirchenmusik.) Andererseits darf sie, um Mazurka (und für Liebhaber spielbar) zu bleiben, bestimmte innere und äußere Grenzen nicht überschreiten und muss das rechte Maß wahren im Verhältnis von Knappheit der Form und innerem Gestaltenreichtum. Zwang zur Expansion und notwendige Beschränkung bilden den Problemhorizont, in dem die einzelnen Stücke und Zyklen zu betrachten sind.

Der Zug ins Bedeutende und Komplexe, der zugleich jede Tendenz zu Großartigkeit und Kompliziertheit vermeiden muss, gewinnt greifbare Gestalt insbesondere in den Stücken, die jeweils am Schluss der Zyklen **op. 17, 24, 30, 33** und **41** stehen. Strukturelle Integration verbindet sich in diesen Werkgruppen mit Dramaturgien der Plötzlichkeit und Subtraktion sowie Strategien der Verfremdung.

In **op. 17, Nr. 4** entstehen aus einem Sextintervall, das von Durchgängen durchzogen wird, an manchen Stellen Dreiklänge, an anderen nicht. Akkordbedeutungen und Tonarten changieren (a, d, F). Eine melodische Wechselnote (T. 4) bringt das lineare Moment in den Vordergrund. So erscheint die Melodie, die über dem Sextgerüst einsetzt (T. 5), als Konsequenz einer Entwicklung von Latenz zu Manifestation und von primärer Ungeschiedenheit zur (schwachen) Unterscheidung von Melodie und begleitenden Akkorden.

Die weiterhin herrschende harmonisch-melodische Indifferenz verhindert über weite Strecken, dass die musikalische Erzählung von innen heraus zu Schlussbildungen und zu syntaktischer Artikulation findet. Allein eine interpolierte Kadenzformel (T. 19 f., T. 35 f., T. 59 f.) schafft Ruhepunkte.

Ausgerechnet der melodische Umriss dieser ordnungsstiftenden Kadenzformel dient als Stichwort für einen Mittelteil, in dem der Komponist die musikalische Erzählung für 32 Takte in ein vor-artifizielles Wachkoma versetzt. Das bordungestützte Trällern, das perforiert wird durch einen ostinaten Rhythmus, ist nur mit Gewalt zu beenden (T. 90 f. *fortissimo*) und nur durch die exponierte Ersetzung fis"/f" in eine Wiederkehr des Rahmenteils zu zwingen. Ist es dieser Mittelteil und die Epiphanie des Exterritorialen, die den Rezensenten der *Gazette musicale* zu einer Metaphorik der absoluten Musik hat greifen lassen?

In den Mazurken **op. 33** (entstanden 1837–38) ist die Stilisierung, verglichen mit op. 6 und op. 7, deutlich weiter getrieben. Bezugnahmen auf folkloristisches Material und tänzerische Bewegungsabläufe sind weitläufiger und abstrakter. Motivische Arbeit spielt eine größere Rolle. Die Innenspannung der Musik, für die in früheren Mazurken durch die Präsenz eines widerborstig vor-ästhetischen, «polnischen» Materials gesorgt ist, das sich der Konstituierung großer Form entgegenstellt, nimmt subtilere Formen an. Die Anforderungen, die an Verstehen und pianistische Nuancierungsfähigkeit gestellt werden, sind erheblich, wenn der Eindruck von Gefälligkeit und gepflegter Melancholie vermieden werden soll.

In **op. 33, Nr. 4** steht der Ausführende nacheinander vor der Aufgabe, Gleichbleibendes zu nuancieren, ohne dessen Identität zu gefährden (T. 1), kleine unterschiedliche Gesten zusammenzuhalten, ohne ihre Spezifik zu nivellieren (T. 49), und die Besonderheit eines ganz anderen Typs von Musik darzustellen, ohne die harmlose Überleitungsfunktion der Passage durch Großartigkeit zu verzerren (T. 65).

In T. 65 ff. (auf deren Besonderheit Chopin u.a. durch Akzente auf der zweiten Zählzeit hinweist) nähert die Mazurka sich für acht Takte einem Walzer. Der temporäre Wechsel von der Mazurka zum Walzer (und zurück) beruht auf Subtraktion. Die neue Qualität entsteht durch Negation, durch Abwesenheit. Indem Gestalten mit charakteristischem Akzentprofil entfallen, die in den vorangegangenen Teilen das Metrum gehemmt und die einzelne Viertel als Zählzeit festgehalten haben, kann der Dreiertakt beginnen, mit der harmonischen Progression ganztaktig zu schwingen. Alles bleibt, wie es ist, nichts Neues wird hinzugefügt. Aber «um ein kleines» (Johannes 14, 19) ist alles anders.

Extremer noch werden das Prinzip der Indirektheit und eine Logik des Weglassens im Schlussstück des Zyklus, in der Mazurka **op. 33, Nr. 4** in Szene gesetzt. Das Stück ist von motivischen Abstammungslinien durchzogen, deren strukturelle Wurzeln in den ersten vier Takten liegen. Es gibt Quart- resp. Quintstrukturen mit hinzugefügter Sekund (T. 1–2), und dagegen oder daneben gibt es die Welt der Terzen (T. 3–4).

Im Seitenthema (T. 49) werden Motive aus der Eröffnungsphrase neu konfiguriert auf eine Weise, die technisch der «kontrastierenden Ableitung» entspricht (zwei kleine Sekunden rahmen eine kleine Terz). Bei seinem zweiten Auftreten (T. 113) zieht dieses Thema drei Varianten nach sich, zwei weitere motivische und eine satztechnische. Das Seitenthema erweitert seinen Einflussbereich, indem es wuchert.

Eine erste Variante des Seitensatzes (T. 129) nimmt das Initium der Ausgangsform auf (d"-es"-ges"-f" T. 50/113 f.) und setzt motivischen Nachdruck auf die von Sekunden gerahmte Terz (fisis"-gis"-e"-dis" T. 128–129). Die zweite Variante, mit deren Hilfe sich die Region des Seitensatzes proliferierend ausdehnt (T. 161), ist eine Ableitung der Ableitung. In Umriss wie in der intervallischen Konstruktion rekurriert sie auf die Variante T. 129 und kombiniert deren Charakteristika mit einem verschärften Gebrauch der Binnenpunktierung, die ein Merkmal des Seitensatzes seit T. 50 war.

Variante Nummer drei (T. 176) könnte man als Ableitung «dritten Grades» bezeichnen. Die diastematische und rhythmische Substanz ist kaum verändert. Doch Registerbehandlung, Ambitus und Klanglichkeit könnten unterschiedlicher nicht sein. Nach einem vollgriffigen Satz, der mehrfach den Raum von vier Oktaven durcheilt, einem Satz, der bestückt ist mit Oktaven und Terzen, nun plötzlich die Beschränkung auf eine Hand, auf den Raum einer Oktav und ein permanentes Pianissimo.

Zugleich implodiert an dieser Stelle das Geflecht motivischer Bezüge. Der punktierte Rhythmus stiftet unvermittelt einen Rückbezug zum Schluss des Hauptsatzes (T. 181, T. 18 ff.). In der vom Ursprung am weitesten entfernten Variante des Seitensatzes, die klanglich maximal entkernt ist, schließt sich der motivische Kreis, der Seitensatz und Hauptsatz verbindet. Die motivische Substanz, die sämtliche Gestalten des Stücks zusammenbindet, erscheint dort, wo das klangliche Geschehen gegen null geht.

Die musikalische Analyse erweist das klangliche Minimum der Mazurka als denjenigen Punkt, an dem sie die größte Fülle musikalischer Bedeutungen erreicht. Doch was soll ein Ausführender mit dieser Auskunft anfangen? Wie kann ein «Minimum als Maximum» zum Klingen kommen, wie eine Partie extremer klanglicher Reduktion zum klingenden Höhepunkt einer musikalischen Komposition werden?

Die Lösung, die Vladimir Horowitz in einem Konzert in Wien 1987 gefunden hat (www.youtube.com/watch?v=e8PJsjO1u5w), besteht darin, das einstimmige Vor-sich-hin-Trällern der dritten Seitensatzvariante (T. 176) als Indifferenzpunkt zu realisieren, in dem der Kontrast von Musik als Sprache (T. 1) und Musik als Bewegung (T. 49) zum Verschwinden gebracht wird. Im vorartifiziellen Zustand des Trällerns wird die Alternative zwischen Sprachcharakter einerseits, Unmittelbarkeit von Geste und Bewegung andererseits aufgehoben.

Die dritte Variante des Seitensatzes kann nur deshalb als Indifferenzpunkt von Sprache und Bewegung aufgefasst werden, weil Horowitz den Unterschied von sprach- und bewegungsgenerierter Musik zuvor so deutlich dargestellt hat. Die Negativität der Indifferenz kann man nicht spielen. Man kann sie aber durch Subtraktion greifbarer, gestalthafter Dimensionen des Musikalischen, durch Weglassen, zur Erscheinung kommen lassen.

In den 1840er Jahren bekommt der Zug ins Bedeutende und Komplexe, der ein wesentlicher Aspekt von Chopins Mazurken ist, neuen Schub und partiell eine neue Richtung. Kontrapunktische Techniken treten öfter und offener in Erscheinung als zuvor. Vor allem aber gibt es ausgedehnte Passagen, die auf thematischer Arbeit beruhen und deren integrierende Möglichkeiten nutzen.

In der Mazurka **op. 50, Nr. 3** wird ein Nebeneinander und Gegeneinander verschiedener Musikarten durch thematische Arbeit vermittelt. Zu Beginn sind mehrere Typen artifizieller Textur auf engem Raum verknüpft: Imitation, Figuration, akkordischer Blocksatz, thematische Arbeit (T. 1, T. 9, T. 17, T. 25).

Doch die Reprise (T. 93) weitet sich zu einer Durchführung, in der die kontrastierenden Charaktere breiter ausgeführt und auseinandergelegt werden. Das figurative Element bekommt ein neues Erscheinungsbild (T. 133), die Akkordrepetitionen werden reformuliert (T. 142) und auch das motivische Initium bekommt ein neues Gesicht (T. 157 ff.). Im Medium thematischer Arbeit werden die früheren Kontraste miteinander versöhnt. Das Kopfmotiv, einmal befreit aus kontrapunktischen Zwängen, zeigt sich fähig zu deklamatorischer Emphase (T. 173) wie zu entspannter Beiläufigkeit (T. 181).

Ein ähnliches dramaturgisches Konzept wird in allen drei Mazurken op. 56 verfolgt. In **op. 56, Nr. 2** werden 28 Takte folkloristischer Melodik über einem Bordunbass C-G abgelöst durch eine hübsche Tanzmelodie in der Unterstimme (T. 29) und eine figurierte melodische Darstellung des Terzintervalls im Diskant (T. 37). Dieses eigentlich spannungslose Nebeneinander simpler Materialien, das sich als Reflex folkloristischer Verläufe den Ansprüchen komponierter Artifizialität zu entziehen scheint, wird unvermutet integriert. Die Takte 53–68 sind eine veränderte Reprise des Beginns, in die sowohl das Skalenmotiv aus T. 29 als auch die Terzfigur aus T. 37 Eingang finden. Die Verschmelzung wird in einem Kanon vorgenommen, der nicht an gelehrten Stil, sondern an usuelle Anfänge kanonischer Praxis erinnert.

Der Rahmenteil der Mazurka **op. 56, Nr. 3** ist beherrscht durch eine Gegenbewegungsfigur und einen Liegeton, der ihr wie ein Signal verbunden ist. Schwer zu entscheiden, ob die Erfindung der Figur sich haptischem Wohlbehagen oder kontrapunktischem Denken verdankt.

Im Mittelteil (T. 57) wechseln rhythmisch feste, energische Partien mit melodisch sprechenden, gar deklamatorischen ab, Texturtypen also, die den gemeinsamen Vorzug haben, sich dem Dauerzwang zur Gegenbewegung zu entziehen. In der Reprise des Rahmenteils (T. 137) wird diese Befreiung der Musik vom obsessiven Stimmführungsmodell in der Fortentwicklung des Hauptthema selbst vollzogen. Melodische Linien bilden sich (T. 177), greifen im Tonraum aus (T. 189, vgl. T. 57). Wenn das Gegenbewegungsmodell erscheint, ist es integriert (T. 205) und Teil einer Wandlung der Texturen, die thematisch motiviert ist.

Unter den späten Mazurken gibt es viele, die mit reduzierten Mitteln auskommen und musikalisch gleichwohl subtil gearbeitet sind. Die Wende zur thematischen Arbeit ist nicht das letzte Wort der Entwicklung, die Chopins Mazurken durchlaufen.

In **op. 67, Nr. 2**, entstanden im Todesjahr 1846, kontrastieren die thematischen Gestalten nur schwach. Der Gedanke T. 17–

18 benutzt wie T. 1–2 die Töne des g-Moll-Dreiklangs als Gerüst. In der Variante T. 33 wird die intervallische Gestalt der ersten Phrase aufgenommen. Klangliche Differenzen entstehen aus dem Unterschied von Texturen (*Unisono* in T. 33 vs. Außenstimmensatz in T. 41) oder aus unterschiedlichen harmonischen Zustandsformen (repetierte Quintverbindungen in T. 17, Quintfallsequenz in T. 21, Überführung in eine Kadenz in T. 29).

In der Mazurka **op. 67, Nr. 4** sind der Hauptgedanke und die Beziehung zwischen den thematischen Gestalten in ein Netz struktureller und motivischer Elemente verwoben. Das Initium aus Wechselnote und fallender Quart wird sequenziert (T. 1–2/T. 3–4) und abgespalten (T. 5, 6, 7). Vordersatz und Nachsatz werden zusammengehalten durch eine Folge von Gerüsttönen, die vom e" bis hinab zum e' und weiter zum a führt. Der kontrastierende Gedanke in Dur (T. 33) verwendet die aus dem Hauptsatz bekannte intervallische Konfiguration aus Wechselnote und Quart als motivischen Kopf. Die Gerüsttöne e"-dis"-cis"-h'-a' (T. 37–46) korrespondieren mit dem Gerüstgang vom Beginn des Stücks (e"-d"-c"-h'-a').

Doch diese Zusammenhänge sind nicht Ergebnis motivischer Entwicklung. Sie sind zum guten Teil gegeben durch allgemeine Strukturen tonaler Musik, die beim Improvisieren und im Umgang mit der Struktur des Instruments zum Klingen kommen. Struktur und Improvisation, Stimmführung und Haptik greifen ineinander.

Ähnlich scheint es sich im Fall der Mazurka **op. 68, Nr. 4** zu verhalten, die vom Komponisten nicht mehr fertiggestellt wurde und deshalb nicht in definitiver Gestalt überliefert ist. Diatonik und Chromatik wechseln ab und gehen ineinander über. Die Palette der Zustandsformen und Funktionen, die die Oberstimme im Verlauf des Stücks annimmt, reicht von sekundärer Verzierung von Akkordprogressionen bzw. -versetzungen (T. 1 ff., T. 9 ff.), über figurative Elemente, die sich, unbekümmert um Bass und Metrum, zu unabhängigen Girlanden formen, bis zur funktional integrierten Oberstimme eines Außenstimmensatzes (T. 24). Thematische Charakteristik (T. 24) und motivische Gestalt (T. 33) entstehen als Grenzwert einer am Rande zum Amorphen verlaufenden Figuration. Harmonische Effekte wie der Wechsel von dominantischen zu verminderten Septakkorden (T. 1–5) verdanken sich nicht einer tonalen Strategie, sondern einer Bewegung der Mittelstimmen, die spontan und unvorhersehbar bleibt, weil sie primär Ausfluss pianistischer Haptik ist. Chopins «letztes Werk» ist in pianistisch-improvisatorischer Praxis verwurzelt.

2 Instrumentale Überbietung vokaler Modelle: Nocturnes

Neben den Mazurken bilden Chopins Nocturnes die zweite Gattung, deren Entwicklung sich über die gesamte Dauer seines Komponistenlebens erstreckt. Auch in der langen Werkreihe der Nocturnes lassen sich die Ausschärfung seiner Musikalischen Poetik und die Veränderungen verfolgen, denen Chopins Kompositionstechnik zwischen 1830 und 1849 unterworfen war.

Auf vokale Modelle und vokale Formen der Auszierung einer Melodie zu rekurrieren, wie Chopin es in den Nocturnes tut, ist übliche Praxis schon in langsamen Instrumentalsätzen der Komponisten der Wiener Klassik. Direkter Vorläufer in formaler und stilistischer Hinsicht ist John Field, durch dessen Kompositionen die Bezeichnung Nocturne zum Gattungsbegriff avancierte.

Fields Nocturnes, deren unmittelbarer Einfluss sich im Wesentlichen auf Chopins Frühwerk beschränkt, werden auch in späteren Jahren von der zeitgenössischen Kritik immer wieder als Maßstab zur Beurteilung neuer Stücke von Chopin herangezogen. Noch 1836 schreibt Robert Schumann, die Nocturnes op. 27, op. 15, Nr. 1 und Nr. 3 seien «neben denen von Field (…) Ideale dieser Gattung» (*Neue Zeitschrift für Musik* 1836, 168).

Oft geht der Vergleich mit Field auf Chopins Kosten und mündet in den Vorwurf, er gefährde durch Übertreibung der Mittel die Unmittelbarkeit, auf der die Gattung beruht. Er verwende «zu viel Gewürz» oder zu viel Kontrapunkt (Varga-Behrer 2010, 126ff.). Doch der polemische Rekurs auf Naivität und Simplizität, Stichworte, dieweit verbreitet sind in der Geschichte des terminologischen Felds Notturno-Nocturne-Nachtstück, übersieht die Tatsache, dass Einfachheit in Chopins Nocturnes stets dargestellte und imitierte Einfachheit ist. Ihnen liegt das Modell der Oper zugrunde, das durch Rollenspiel und Theatralität bestimmt ist und durch die Nachahmung des Vokalen im Instrumentalen zusätzlich in Distanz gerückt und gebrochen wird.

Indem Chopins Nocturnes nachahmend Bezug nehmen auf die italienische Oper der Zeit, ist ihnen ein Satztyp mit prädominierender Oberstimme vorgegeben und die Aufgabe gestellt, *melodie lunghe* zu formen. Die Logik der Nachahmung hat zur Folge, dass dieser melodische Effekt nicht direkt, sondern indirekt, nicht durch Manipulation der Melodie selbst, sondern durch Veränderungen am Melodie-Begleitungs-Verhältnis erzielt wird.

Die Verschränkung von Oper und Instrumentalmusik, die Brechung des Vokalen im Instrumentalen ist ein Produkt der Salonkultur. Sie wird möglich dadurch, dass für die *habitués* der Salons Opernabende zu den gesellschaftlichen und kulturellen Zentralereignissen gehören. Die Loge in der Oper, in der man auch Gäste empfängt und in der man sieht und gesehen wird, stellt in mancher Hinsicht ein Analogon dar zur Institution der Salons. Der Zusammenhang setzt sich fort darin, dass in den Salons Opernereignisse nicht nur besprochen werden, sondern auch musikalische Resonanz finden. In Opernparaphrasen, die formal eine Art *listener's digest* sind, werden Ereignisse-Erlebnisse, die «primultime» (Jankélévitch) sind, verwandelt und auf Dauer gestellt. Oper und Salon sind kommunizierende Teile desselben kulturell-gesellschaftlichen Erfahrungsraums. In dieser Struktur wurzelt die Gattung Nocturne.

***

Die «typisch vokalen» Auszierungen im ersten Nocturne **op. 9, Nr. 1** folgen zwar einem linearen Bildungsgesetz. Sie heben Zentraltöne hervor, indem sie sie mit Satellitentönen umgeben, und erzeugen durch Registerwechsel den Eindruck latenter Mehrstimmigkeit. Ihre eigentlich musikalische Bedeutung besteht jedoch in ihren Auswirkungen auf die Harmonik und den Fortgang der Musik insgesamt. Harmonische Progression wird melodisch motiviert, harmonische Veränderungen resultieren aus melodischer Nuancierung. Die Überfülle vokaler Fiorituren tritt in den Dienst instrumentaler Strategie und Ökonomie.

Das Grundgerüst der Takte 3–4 besteht aus den Tönen f", es" (mit unterlegtem c") und des" (mit unterlegtem b'). Das f" wird durch einen chromatischen Doppelschlag gerahmt, der Spitzenton b", prominent schon in den vorangegangenen Takten, als Oberquart von f" im Sprung erreicht. Er ist Ausgangspunkt einer chromatischen Skala abwärts (T. 3), die beim c", der Unterquart des f", wiederum mittels Doppelschlag zum Stehen kommt. Das f" wird, analog zu T. 1–2, weitergeführt zum Zielton des" (T. 4). Der durch den Doppelschlag markierte Ton c" findet seine Auflösung im Grundton b' (T. 4).

Die Unterteilungen und Markierungen im Innern der Fioritur motivieren die (arientypische) harmonische Wendung zur parallelen Durtonart im folgenden Viertakter und machen die konventionelle Wendung auffällig. Der diskriminierende Ton as" tritt mit dem neuen Basston Des und viel Aplomb (T. 5 *fzp*) an die Stelle der VII. Stufe a der Grundtonart b-Moll (vgl. T. 2 Doppelschlag a" in der Wechselnote b"-a"-b"). Der diatonische Weg, den die Melodie vom b" in T. 4 bis T. 8 nimmt, ist nichts anderes als eine breitere Darstellung der chromatischen Fioritur T. 3–4 (vom b" nach des"/b').

Im Nachsatz wird die figurative Inszenierung der a/as-Ersetzung und der Durparallele als Ereignis vermieden (T. 9–18). Der Anschluss des zweiten Viertakters geschieht durch leittönige Alteration (T. 13 des'/d') und ist ein harmonisch-syntaktisch begründeter Vorgang, der ohne Beteiligung des Figurativen zustande kommt. Der Des-Dur-Dreiklang wird ausgespart und tritt, umso wirkungsvoller, zu Beginn des Mittelteils in T. 18 auf den Plan (*pp*, *sotto voce*).

Deutlich ist die Abhängigkeit des Melodischen vom Melodie-Begleit-System zu Beginn des Nocturne **op. 27, Nr. 1**. Der Weg zum Verständnis des Stücks führt über die Suche nach der «initialen Störung», die den immanenten Prozess der Musik in Gang setzt und unterhält.

In der vorlaufenden Begleitung aus leeren Quinten und Oktaven, auszuführen mit gedrücktem rechten Pedal, wird das Obertonspektrum des Grundtons angeregt und eine Ergänzung der angeschlagenen Töne zum Dreiklang durch die Durterz impliziert. Im melodischen Initium aber ist eine dissonierende Mollterz exponiert, die noch im selben Takt und *lege artis* in eine große Terz eis" aufgelöst wird (T. 3).

Auch andere melodische Schritte innerhalb des Rahmenteils dieses Nocturnes sind auf solche Weise durch ein lineares Geschehen im Innern des Satzes motiviert. (Das Auftreten des d in T. 5 lenkt den richtungslosen Melodieton fis" nach unten und führt zur Kadenz in E.) Das ändert sich erst im Mittelteil, der primär nicht den Gesetzen der Stimmführung, die auf einzelnen Tönen und Tonverbindungen beruhen, sondern der summarischen Logik funktionaler Harmonik folgt (T. 29 *Più mosso*).

Die meisten seiner Nocturnes hat Chopin mit einem Mittelteil ausgestattet, der innerhalb der dreiteiligen Gesamtanlage harmonisch und im Charakter kontrastiert. Diese Mittelteile sind genuin instrumental konzipiert, sei es, dass instrumentale Idiomatik zum Medium dramatischer Zuspitzung wird (op. 9, Nr. 3, op. 15, Nr. 1, op. 27, Nr. 1, op. 48, Nr. 1, op. 55, Nr. 1, op. 62, Nr. 2), sei es, dass eine Reduktion stattfindet und die Musik auf eine karge Akkordfolge verknappt wird (op. 37, Nr. 1).

Der Auftritt einer ostentativ instrumentalen Faktur in den Mittelteilen lässt die Wiederkehr des Vokalen zum Ereignis werden. Der vokale Rahmenteil wird nach einer Auslenkung in Richtung des Instrumentalen neu gehört, auch wenn die Wiederkehr unverändert erfolgt. In den Nocturnes der 1840er Jahre (op. 48, 55, 62) aber wirkt der Mittelteil zunehmend und immer erheblicher auf die Gestalt der «Reprise» des Rahmenteils ein.

Im ersten Teil von **op. 48, Nr. 1** verläuft eine unaufhörlich figurierende Melodiestimme über einem statuarischen harmonischen Fundament mit schweren Bässen. Der Mittelteil (T. 25 *poco più lento*) versucht, durch orchestrales, opernhaftes Pathos den gravitätischen Ausdruck des ersten Teils noch zu überbieten. Dabei werden die Grenzen des gattungsüblichen

Ausdrucksspektrums weit überschritten. In der Wiederkehr des Rahmenteils (T. 49 *doppio movimento*) wird die im Pathos des Mittelteils maximal gestaute Energie in dramatische Bewegung aufgelöst. Im Ergebnis ist die Gesamtform des Stücks mehr teleologisch als bloß symmetrisch.

Im ersten Teil von **op. 55, Nr. 1** folgt die Oberstimme den gleichförmig schreitenden Bassoktaven sehr eng, oft homorhythmisch und sparsam nur von der Möglichkeit Gebrauch machend, Durchgangstöne zu bilden. Selten nur befreit sie sich in eigenständigen triolischen Bewegungen (T. 25 ff.) von dem harmonischen Fundament. Der Mittelteil sorgt in einem ersten Abschnitt für dramatisierende Belebung der musikalischen Erzählung (T. 48 *più mosso*), indem satztechnische Unterschiede zu Kontrasten umgeformt werden und deklamierende Triolen gegen akkordischen Satz gestellt werden. Die Fortführung des Mittelteils (T. 57) erreicht eine Verflüssigung des Fortgangs, indem die Melodiestimme durch Zweistimmigkeit und die Begleitung durch eine triolisch-motivische Figur belebt werden. Eine Rückkehr zur ursprünglichen Gestalt des Rahmenteils wäre kaum plausibel. Nur das Initium des Hauptthemas wird wörtlich aufgenommen (T. 73 *tempo primo*), dann springt die Reprise (T. 75) in die Triolenvariante des ersten Teils (T. 27). Bis zum Einsatz der Coda wird konsequent an der Triolenbewegung festgehalten. Von der Möglichkeit satztechnischer Varianten, die sich durch die Emanzipation der Oberstimme vom Bass ergeben, wird vielfältiger Gebrauch gemacht.

Im ersten Teil des Nocturne **op. 62, Nr. 2** (*Lento*) bewegt sich die Oberstimme im Stil hochdramatischer Opernstilistik über einem unschematischen, variablen Begleitfundament. Mal verläuft sie als kantable Melodie, mal bricht sie diastematisch oder dynamisch aus, mal ist sie von figurativen Digressionen durchsetzt. Der Mittelteil antwortet mit einem Polyphonisierungsschub (T. 32), der zunächst disziplinierend und rationalisierend wirkt, dann jedoch durch weitere Steigerung der Komplexität eine eigene Art von Dramatik hervorbringt (T. 40 *agitato*). Im dritten Teil des Nocturne (T. 58) werden Elemente der beiden vorangehenden verschränkt. So entsteht im Ganzen der Eindruck eines Prozesses, in dem die Dreiteiligkeit der Form nur als Gerüst noch durchscheint.

Nicht der vermehrte Einsatz kontrapunktischer Verfahren oder avancierter harmonischer Verbindungen für sich genommen charakterisiert die späten Nocturnes, sondern die paradoxe Verschränkung von Integration und Dissoziation. Rationale Kompositionsverfahren entfalten formgefährdende Wirkungen. Form wird auf Form-Kritik gegründet. Stand und Art des Komponierens, die Chopin in den Nocturnes der 1840er Jahre praktiziert, wird präzis getroffen durch die Charakterisierung der Gattung, die Vladimir Jankélévitch für die Nocturnes von Fauré gegeben hat.

> Das Nocturne zeigt also das Zauberkunststück einer Vermischung von Qualitäten, die der wache Verstand in wohlunterschiedenen Ebenen trennt. (...) In der Nacht sind alle Katzen grau: Farben werden fließend und durchsichtig wie Seelen; in ihrem unendlichen Verfließen geben sie die Zurückhaltung der Farben des Prismas auf; sie wirbeln atemlos umher, werden Dampf, Nebel und Phantasmagorie, bis zu dem Augenblick, da ihre zarten Schattierungen von der freundlichen Nacht aufgesogen werden. Das ist, was Novalis ‹magisches Farbenspiel› nennt (...) Die Alchimie des Nächtlichen/Nocturne überflutet die zerbrechlichen Unterscheidungen der Logik und stellt die unendliche Vermischung wieder her, die der νους des Anaxagoras aufgelöst hatte. (Jankélévitch 1988, 240f.)

Die Form des Nocturne **op. 62, Nr. 1** beruht auf fortschreitender Dissoziation. Am Ende steht eine klanglich differenzierte musikalische Beziehungslosigkeit. Eine figurative Oberstimme verläuft über einem Begleitsystem des Typus geschichteter Homophonie, ohne dass es zu einer Verbindung der beiden Ebenen kommt (T. 81). Unterschiedlichste Ereignisse treten auf innerhalb eines H-Dur-Dreiklangs mit Wechselquartsext, ohne dass sie von einer harmonischen oder linearen Orientierung erfasst würden.

Dem dissoziierten Schluss steht mit Introduktion und Hauptthema des Nocturne ein Musterbeispiel integralen Komponierens gegenüber. Hier gibt es keinen unmotivierten Ton, keine

Füllstimme, kein Klangelement, das nicht eine musikalische Funktion erfüllt. Im Eingangsarpeggio tritt der Grundton h als Dissonanz auf. Seine Strebetendenz deutet sich darin an, indem er im Folgetakt ins ais weitergeht. Doch erst im Hauptthema entfaltet er strukturelle Wirkung. Durch Kollision mit cis" resp. cis' werden die Oktavtöne h-h' veranlasst, sich in einer Gegenbewegung aufeinander zuzubewegen, die in T. 5 im Quintton fis' terminiert. Zugleich kommuniziert der Spitzenton des Eingangsarpeggios mit dem ersten Hochton des Themas (T. 1 e", T. 4 dis").

Durch Aushöhlung und Umdeutung der formbildenden Kräfte entsteht zwischen diesen beiden Polen, zwischen integriertem Beginn und dissoziiertem Schluss, die Form des Stücks. Die Kräfte, die zersetzend auf die Ordnung des tonal hierarchischen Satzes einwirken, sind dieselben, die für die Errichtung dieser Ordnung sorgen.

Zum einen wird die Dissoziation komponierter Struktur bewirkt durch Umdeutung und Umfunktionierung der Kategorien musikalischer Rationalität selbst. Zum anderen und vor allem ist es die Verselbständigung klangtechnischer Mittel, die Hypertrophie der Darstellungsmittel, die zur Aushöhlung der hierarchischen Ordnung und zur Dissoziation des Satzes führt.

So ändert die Kategorie «Stimme» ihre Bedeutung vollständig im Laufe des Stücks. Aus einem Teilmoment, das seinen Sinn aus der Beziehung zu anderen Stimmen und als funktionaler Bestandteil des Satzes gewinnt, werden Schichten, die für sich existieren. Aus relativ selbständigen Stimmen, die ihren individuellen Beitrag zur Harmonie des Ganzen leisten, werden «separatistische Partisanen», die Details hypostasieren und auf diese Weise versuchen, den Gang der musikalischen Erzählung zu beeinflussen.

So ist im Mittelteil (T. 37–67) der Fortgang der Melodiestimme, die ebenso expressiv wie schwer zu greifen ist, Resultat linearer Bewegungen im Begleitsystem, die spontan, ohne äußeren Anlass auftreten (T. 38 f.: es-e-f) und bisweilen diagonal durch die realen Ebenen des Tonsatzes verlaufen (T. 42 ff.: f'-es'-d'-es'-des'). Die Melodiestimme muss auf die «unbotmäßigen

Mittelstimmen», auf die Setzungen aus dem *off*, reagieren und ihren eigenen Aufwand und ihr Energielevel steigern, um sich durchzusetzen. Sie weitet ihren Ambitus oder erhöht ihren Stufenreichtum (T. 39–41: Gerüst as'-g'-f'-es' mit Ausholen zum f" über den alterierten Ton a'), oder sie greift zum Mittel latenter Zweistimmigkeit, um aus eigenem Vermögen die Diversität und Pluralität zu realisieren, die ihr als destruktive Dissoziation aus dem Begleitsystem entgegenschlägt (T. 44–48: ges'-f'-e'-es'/ es"-d"-es"-d" ...).

Im Ergebnis dieses leisen Kampfs um Vorherrschaft und Wahrung rationaler Prinzipien, der sich im Innern des Systems aus Melodie und Begleitung abspielt, entsteht in T. 62–67 (*pp*) ein Gegeneinander-Miteinander von Melodien und Gegenmelodien, das kaum von einem changierenden Gesamtklang, von fluktuierenden Tönen zu unterscheiden ist.

Das zweite, wirkungsmächtige wie eindrucksvollere Verfahren zur Dissoziation des rationalen Tonsatzes beruht auf der Steigerung figurativer, klanglicher Details. Der Werkzeugkasten, der Chopin in op. 62, Nr. 1 zur Verfügung steht, umfasst Arpeggien, rasante Skalen, Triller, Sechzehntelgirlanden.

Das Arpeggio sticht dadurch hervor, dass es am Anfang und an wichtigen Wendepunkten der Entwicklung vorkommt (T. 27, 36, 67). Es erfüllt, in T. 1 oder T. 27, satztechnisch definierte Aufgaben, bewegt sich zugleich in einer Grauzone zwischen Akkord, Einzeltonmarkierung und Klang.

Die arabeskenartige Sechzehntelfiguration, die erstmals in T. 21–26 auftritt, balanciert auf der Schwelle von Anonymität eines diatonischen oder chromatischen Tonraums einerseits, motivischer Fixierung andererseits. Motivische Rahmung findet sich in T. 25–27 (T. 25: fis"-eis"-dis"-ais'-dis"-gis'-ais' .... // dis'-eis'-fis'-h-ais). Dagegen bleiben die Sechzehntelgirlanden im Schlussabschnitt des Nocturne weitestgehend diesseits der Grenze motivischer Gestalthaftigkeit.

Die hervorstechende Rolle im figurativ-klanglichen System von op. 62, Nr. 1 spielen Triller (vgl. auch op. 48, Nr. 2). Wo sie auftreten, stehen sie nicht im Dienst einer Hauptnote, die durch Satellitentöne hierarchisch konsolidiert würde. Ihre Wirkung und Funktion im Mittelteil (T. 50, 52) und in der Wiederkehr des ersten Teils (T. 67–75) besteht darin, die Melodietöne selbst durch Hypertrophie des Klangs zu pulverisieren. Die destruktive Macht des Trillers erfasst in T. 67 die Töne des Hauptthemas. Wesentliche Unterscheidungen innerhalb der melodischen Linie werden durch die unterschiedslose Applikation der Triller nivelliert.

Ebenso wichtig wie der offene Konflikt zwischen Integration und Dissoziation sind die Zwischenzustände, in denen das Verhältnis satztechnischer und klangtechnischer Strategien in der Schwebe gehalten ist und technische Verfahren, die in beide Richtungen wirken können, ihre Ambiguität bewahren. So bringt der Mittelteil, der in vielerlei Hinsicht zur Destabilisierung und Aushöhlung der hierarchischen Ordnung beiträgt, Klärung in Bezug auf den Ton Dis. Dieser war von T. 17–27 zwar Träger eines Dreiklangs und dauerpräsent, jedoch unverständlich innerhalb seiner Umgebung. Der Übergang in das Hauptthema in T. 27 ff. war deshalb ein Abbruch, keine plausible Fortführung. Eine Lösung erfolgt erst in T. 37–38 mit der Dominantisierung des Basstones Es und der Fortschreitung in die Unterquint As (Es-As vs. Dis-Ais zuvor).

3 Affekt-Bearbeitung und theatrale Distanz: Polonaisen

Chopins Polonaisen haben wie seine Mazurken teil am Konzept einer Nationalmusik. Doch durch ihre anders gelagerten Voraussetzungen und die eher verhaltene Resonanz, auf die sie beim zeitgenössischen Publikum stießen, unterscheiden sie sich deutlich von den Mazurken (Varga-Behrer 2010, 90 ff.).

Die Zeitgenossen verbanden mit dem Stichwort Polonaise den Typus, der als Suitensatz bei Bach oder Telemann vorkommt, oder gefällige Stücke, die auf diesem Typus aufbauend seit Beginn des 19. Jahrhunderts in größerer Zahl entstanden waren, schließlich Polonaisen in Opern. Im allgemeinen Bewusstsein repräsentierte die Gattung einen auf leichte Unterhaltung ausgerichteten Sektor des Musikbetriebs. Für einige waren

Polonaisen vielleicht sogar ein «im Kern depraviertes Genre» (Varga-Behrer 2010, 93).

Auch die Beziehung der Polonaise zum «Polnischen» war geprägt mehr durch ältere Vorstellungen einer musikalischen Vielsprachigkeit, derer sich ein international orientierter Komponist zu befleißigen hat, und weniger durch Teilhabe an einem Volksgeist, die persönliche Verwurzelung des Komponisten in Sprache, Kultur und Gebräuchen voraussetzt. Damit war im Fall der Polonaisen das Funktionieren der Dialektik von Nationalität und Universalität prekär, von der die Rezeption der Mazurken getragen wurde.

Mit Ausnahme des Sonderfalls op. 61, von dem Chopin während der Entstehung in einem Brief schreibt, er sitze gerade an etwas, von dem er nicht wisse, was es sei (Brief an die Familie, 12./26. Dezember 1845), sind seine Polonaisen grell und bunt – grell, was den einzelnen Charakter betrifft, und bunt in deren Anordnung und Abfolge. Die Subtilitäten eines Nocturne sucht man in Gestalten und Verarbeitung in Polonaisen vergebens. Indem sie lärmende Passagen (op. 53, T. 85 ff.; op. 61, T. 242 ff.) und scharfe Kontraste enthalten (op. 40, Nr. 1), kollidieren die Polonaisen mit dem Bild, das sich das zeitgenössische Publikum von Chopin als innerlichem Künstler und «inspiriertem Medium» machte (Varga-Behrer 2010, 63). Der Komponist, durch dessen Spiel das Klavier «sich gewissermaßen verwandelt und fast ein neues Organ wird» (Maurice Bourges, *Revue et Gazette musicale*, 27. Februar 1842), scheint sich in den Polonaisen einer anderen Strömung der französischen Romantik anzunähern und auf drastische Effekte zu setzen.

Franz Liszt hat in seinem Chopin-Buch den Versuch unternommen, Aufschluss über den Mechanismus der Gattung im Polonaisen-Mythos zu finden (Liszt 1880, 32). Ausgangspunkt für Chopins neuartige Polonaisen seien, so Liszt, nicht rezente Musikformen, sondern eine komplexe soziale Praxis längst vergangener Zeiten. In literarischen Schilderungen, vorzüglich dem 1834 erschienenen Versepos *Pan Tadeusz* von Adam Mickiewicz, das im Schlussteil die Schilderung einer Polonaise gibt und tiefen Eindruck gemacht habe auf Chopin, seien die Spuren der versunkenen Welt als erinnerter noch greifbar. Wie in Mickiewicz' Epos, dessen Handlung 1811/1812 spielt, verschränken sich in Liszts Betrachtung Nostalgie und Vision. Der Blick auf das verlorene Vergangene ist zugleich Ausblick in eine zu gewinnende Zukunft.

In Liszts Reproduktion nationaler Mythen wird eine «Ur-Polonaise» «mehr gespielt als getanzt» (Liszt 1880, 25). Sie ist «ostentativen Charakters» und dient der Darstellung einer «zugleich kriegerische(n) und galante(n) Haltung» der Männer (23–24). Bestimmte Bewegungen werden durch bestimmte Kleidung begünstigt resp. behindert, zugleich bringen adäquate Bewegungen die Besonderheiten der Kleidung zu sichtbarer Geltung – Wechselbeziehungen, die man von weltlichen wie religiösen Zeremonien kennt, die auf ähnliche Weise durch Gewänder, Schmuck und Bewegungsformen disponiert werden.

Die Polonaise ist kein Tanz im selben Sinne wie ein Walzer. Es geht nicht um tänzerische Figuren. Die Polonaise steht am Anfang einer Festveranstaltung und verwandelt die vielen Einzelnen, die gekommen sind teilzunehmen, durch stilisierte Bewegungen in eine Festgesellschaft.

> Das war ein Aufzug, in dem, wenn wir so sagen dürfen, die ganze Gesellschaft das Rad schlug und sich in der Bewunderung ihrer selbst gefiel, indem sie sich so schön, edel, prunkvoll und ritterlich sah. (Liszt 1880, 31, Übers. revidiert)

Die «Ur-Polonaise» ist performativ durch und durch, und sie wendet sich primär nicht an Zuschauer, sondern erfasst die Akteure, denen sie ermöglicht, «den menschlichen Körper in Übereinstimmung mit der Wahrheit (sagesse) zu disponieren» (Alain, *Système de beaux-arts*, Paris 1926, 62).

Aus diesen Eigenschaften der «Ur-Polonaise», wie Liszt sie beschreibt, lassen sich sowohl einzelne Charakteristika der Gattung verstehen, vor allem aber der Zwiespalt begreifen, in dem die von Chopin komponierten Polonaisen stehen. Einerseits ist alles in ihnen Bewegung und körperliche Aktion – Aktion, die durch Klänge angetrieben, nicht bloß ausgedrückt wird. Deshalb sind die Charaktere grell und ihr Wechsel bunt. Chopins

Polonaisen sind drastisch, weil sie, wie die «Ur-Polonaise», darauf zielen, am Affekthaushalt der Zuhörer zu arbeiten. In Chopins Polonaisen wird Musik als Kunst körperlicher Regulierung praktiziert. Sie sind Repräsentant eines «art social» (Alain).

Andererseits aber sind Chopins Polonaisen Musik für Zuhörer. Sie sollen keine realen Bewegungen induzieren oder auslösen. Das Paradox einer Musik zum Zuhören, die gleichwohl den Zirkel der «ästhetischen Unterscheidung» (Hans-Georg Gadamer) überschreitet und Affektregulierung betreibt, hat Chopin in seinen Polonaisen dadurch bewältigt, dass er den Modus theatraler Distanz nutzt. Rahmung und Rollenprinzip der Bühne erlauben es dem Komponisten, aus hervorstechenden Details und schroffer Konfiguration einen musikalisch begründeten Prozess zu erzeugen, der die Zuhörer in ihrer Affektbindung erfasst. Affektbearbeitung wird möglich durch Affektkonfiguration und -konfrontation, Affektobjektivierung durch Wechsel und Gegenüberstellung unterschiedlicher Bewegungspatterns. All dies geschieht sehr elementar körperlich. Nichts wird «vermittelt» (im Sinne von gedämpft, moderiert) oder durch Ausdrucksmuster psychologisch «legitimiert». Theatrale Distanz erlaubt eine Unmittelbarkeit außerhalb der Komfortzone ästhetischer Innerlichkeit.

Drei Elemente sind es, durch die sich Polonaisen als instrumentale Nachahmungen einer theatral konzipierten Aktion zu erkennen geben: erstens durch die Introduktionen, zweitens durch Passagen, die nichts anderes sind als theatralische Effekte, vor allem aber durch die Dramaturgie der Mittelteile.

– Die Einleitungen der Polonaisen op. 44 und op. 53 sind Vorspiele vor dem Vorhang. Sie lösen das Spiel aus und machen, dass der Vorhang sich hebt, indem sie selbst schon den Impuls, die treibende Kraft als elementare Bewegung realisieren. In op. 61 ist es der Kontrast elementarer Gesten, die einer Materialsammlung aus Intervallen, Klängen, Harmonien eine Gestalt geben, die ganz auf Bewegungsformen beruht.

– Theatrale Effekte sind die Bassoktaven im Mittelteil von op. 53, die Basstriller in op. 40, Nr. 1, das Ostinato-Feld in op. 44. In allen drei Fällen wird eine unmittelbare Wirkung angestrebt, die sich einer musikalischen Bearbeitung im üblichen Sinn entzieht. Der durch die Drastik vormusikalischen Tönens angesprochene Affekt kann nur durch Konfigurationen gerahmt, objektiviert und weggespielt werden.

– Die Mittelteile der großen Polonaisen sind an sich packend und eindrücklich. Musikalisch bedeutend und expressiv werden sie jedoch erst durch die Rahmung, durch die Gestalten, die sie umgeben. Wie auf der Bühne kommt es auf die Konfiguration der Personen an, die sich zueinander verhalten. Die spontane, einfühlende Identifikation des Zuschauers/Hörers mit Details wird konfigurativ aufgebrochen. Der Primat liegt nicht bei der einzelnen Figur oder dem einzelnen Bild, sondern bei einem Arrangement, das dafür sorgt, dass das, was nebeneinandersteht, aufeinander einwirken kann.

So geht dem «Tempo di Mazurka» in op. 44 eine finstere, an sich ebenso unbegreifliche «Ostinato-Maschine» (Derrick Puffett) voraus. Erst wenn beide Mittelteile verklungen sind, versteht man die Oktaven der Einleitung, die man eigentlich schon kennt und die in T. 262 wieder aufgenommen werden.

In op. 53 legitimiert sich der lärmend-heroische Fremdkörper durch die Entwicklung, die er auslöst. Die Ostentation des Basstons E und der Progression E-Dis, die den harmonischen Inhalt des *ff*-Getöses ausmacht (T. 81/T. 97), muss zum harmonischen Raum Es-As zurück. Die Rückstellung der harmonischen Auslenkung erfordert und mobilisiert die thematischen und modulatorischen Kräfte und Möglichkeiten, die das Material des Rahmenteils birgt, aber bis dahin nicht gezeigt hatte.

Auf diese Weise erzeugt Chopin in seinen Polonaisen einen affektiven Raum, in dem Variabilität waltet und in dem der einzelne Affekt gehindert wird, sich zu einem Identischen zu verhärten. In ständig wechselnden Relationen, in die er gestellt wird, verlieren die Affekte den Schrecken identitärer Fixierung, der ihnen im realen Leben eignet. Der affektive Raum erscheint als musikalisches Bild, dessen Elemente gegeneinander beweglich sind und also offen für «la sagesse» (Alain).

* * *

Die Teile, aus denen die Polonaise fis-Moll **op. 44** sich zusammensetzt, sind extrem kontrastierend und verzichten nicht auf plakative Effekte. Ihre grobe Fügung wird durch strukturellen Zusammenhang unterfüttert. An den Nahtstellen ist die Form durch variativen Zusammenhang dicht verfugt.

Der Kontrast, in dem die mittleren Abschnitte (T. 83, T. 127) zueinander stehen, wird überwölbt dadurch, dass beide dasselbe Material bearbeiten. Die Terzbewegung dis'/fis' – cis'/e' (T. 83) bzw. d'/f' – c'/e' (T. 125), ostinate Formel des ersten Mittelteils, wird in der Oberstimme des anschließenden *Tempo di Mazurka* direkt aufgenommen und in neuer Weise fortgeführt (T. 129–131: cis"/e" – his'/dis"' – h'/d" – a'/cis" – gis'/h').

Mazurka und Rahmenteil der Polonaise sind strukturell verbunden durch Vorhalts- und Durchgangsbildungen. Die strukturellen, latenten Gemeinsamkeiten werden im Übergang zur Reprise des Rahmenteils (T. 261) motivisch an die Oberfläche gebracht, so dass der Anschluss des neuen Formteils von innen heraus motiviert erscheint als Verhältnis der Variation oder sogar als Entwicklung. Die Klangzerlegung, die der Idylle der Mazurka ein lärmendes Ende macht (T. 250–252 und 258–260), ist eine Variante der Oktavpassage aus der Einleitung (T. 5–8). Ihr akkordischer Inhalt, ein dominantischer Cis-Dur-Dreiklang, der zu Beginn des Stücks mit Vorhalten von oben versehen war, wird hier mit Vorhalten von unten ausgestattet.

Im Kontrast zu dieser Variante tritt die Intervallstruktur der initialen Formel aus T. 1–2 nun als charakteristisch hervor (T. 254–257). Was anfangs bloß eine präludierende tastende Geste war (T. 1), bekommt unter dem Vergrößerungsglas gedehnter Notenwerte und durch die neue variative Umgebung den Charakter einer bedeutsamen Formel. So wird das strukturelle Gewicht der diastematischen Konstellation vom Anfang, die das Zentrum der gesamten Polonaise bildet, hörbar. Die Reprise, die ab T. 262 (entsprechend T. 3) wörtlich (später mit klanglichen Modifikationen) fortgeführt wird, ist mithin dreifach motiviert: durch bestimmten variativen Kontrast, durch die klingende Manifestation des strukturellen Zentrums und durch die Konvention der Form. Drei Ebenen, die strukturelle, die motivisch-gestalthafte und die formale Ebene sind vom Komponisten aktiviert.

Im Verhältnis der Formteile zueinander und an formalen Nahtstellen motivieren strukturelle Verwandtschaft und variative Verknüpfung den Fortgang der musikalischen Erzählung. Im Rahmenteil aber sind dieselben strukturellen und motivischen Verhältnisse für unvorhergesehenen Gestaltwechsel verantwortlich. Rückbezug auf den gemeinsamen strukturellen Kern und die spontane Produktion immer neuer Gestalten sind zwei Seiten desselben Mechanismus. Zentripetale und zentrifugale Kraft, Integration und Dissoziation der Form entspringen demselben Zentrum. Form und Formkritik konvergieren.

Das dichte Netz struktureller und variativer Beziehungen, das Chopin komponiert, greift in alle Richtungen aus, überspringt die Grenzen von Satzdimensionen und zieht sich quer durch die Ebenen von Syntax und Form. So entsteht ein polyvalentes Bild, in dem auch Beiläufiges reiche Konsequenzen erzeugen kann. Aus einer unscheinbaren Binnenvariante innerhalb des motivisch entwickelnden Hauptsatzes (T. 17) wird in T. 27–34 ein Formteil gewonnen, der den Hauptsatz in seinen drei Erscheinungsformen (T. 9, T. 35, T. 61) jeweils interpunktiert. Dieses Zwischenglied (T. 27), das strukturell und variativ integriert ist, taucht später unvermutet auch im ersten Mittelteil auf, wo es dessen Unterteile zäsuriert und vermittelt (T. 103). So wird der Kantilenengedanke, der in T. 17 lediglich eine Nuance innerhalb des Hauptsatzes war, im Laufe der Komposition zum Impulsgeber.

Die Polonaise As-Dur **op. 53** ist in ihrer äußeren Anlage einheitlicher, weniger disparat. Die Omnipräsenz des Hauptthemas und ein «heroischer» Charakter, der durchweg vorherrscht und dem das Stück seinen Beinamen und seine Popularität verdankt, sind jedoch von dissoziierenden Momenten durchsetzt, auf die es ankommt.

In der Einleitung wird ein Prozess initiiert, aus dem das melodische Kernmotiv des Hauptthemas hervorgeht (T. 17: vgl. T. 2–3, 6–7, 10–11, 12–13 ff.). Eine suggestive Dramaturgie, die auf den triumphalen Auftritt des Hauptthemas zustrebt, muss sich gegen den Widerstand dissoziierender Kräfte behaupten. Das

Oktav- bzw. Akkordsforzato, mit dem die Viertakter beginnen, wird durch die anschließende Sextakkordkette klanglich-zeitlich analysiert. Die akkordische Fortschreitung (T. 2–3) wird durch die anschließende Sechzehntel-Figuration in Einzelstimmen zerlegt.

Der Wechsel von akkordischer Gleichzeitigkeit und figurativem Nacheinander, den die Introduktion herausstellt, liegt den Einschüben zugrunde, durch die sich im Hauptsatz das metrische Gerüst des Begleitsystems gegen die Emphase der melodisch-deklamierenden Oberstimme geltend macht (T. 20). Nur weil der Hauptsatz diese innere Komplexität besitzt, die unterschiedliche klangliche Darstellungsweisen möglich macht oder verlangt, ist es gerechtfertigt und sinnvoll, dass er ständig wiederholt wird.

Die beiden Abschnitte, aus denen der Mittelteil der Polonaise gefügt ist (T. 81, T. 121) haben wesentliche Elemente gemeinsam, nämlich Ostinato, Terzenbewegung und charakteristische Tetrachorde. Doch nicht als Motive, nicht als Gestalten, sondern als «primäre Klangformen» (Rudolf von Ficker) werden sie vom Komponisten behandelt. Sie werden umgeschichtet, nicht entwickelt oder variiert.

Die Bass-Oktaven des ersten Mittelteils (T. 83 ff.) sind bzw. werden klanglich massiv, aber sie sind eklatant unterdeterminiert. Sie prägen nicht einmal ein Metrum aus, sondern stellen durch tetrachordische Gruppierung lediglich die Viertel als Maßeinheit fest. Der melodisch-akkordischen Fanfare der Oberstimme obliegt die rhythmisch-diastematische Gestaltbildung sowie die Realisierung des Akzentstufentakts und einer strukturellen Schicht aus Terzen. Im zweiten Mittelteil umgreift ein Netz aus Liegetönen (T. 129 D, ab T. 137 F) den Ambitus des gesamten Tonsatzes. Die Terzenbewegung bildet ein selbständiges Stimmführungsgeschehen in Mittellage. Fallende Tetrachorde sind organischer Bestandteil einer Arabeske, die sich gelegentlich in Sekundwechselnoten festsetzt (T. 132, T. 136). Die ostinaten Viertongruppen aus dem ersten Teil werden in den sich ständig verändernden, variablen Intervallzellen der Gesangslinie in Freiheit gesetzt.

So werden im viel komplexeren Satz des zweiten Mittelteils die konstituierenden Elemente aus ihrer Verfestigung im Fanfarenpomp gelöst und in Bewegung gebracht. Die individualisierten, flexiblen und atmenden Gestalten des zweiten Mittelteils (vgl. die ständige Neugruppierung innerhalb der fortgesetzten Linien durch Akzente in T. 143 ff.) bilden ein ausdifferenziertes Pendant zu dem vormusikalischen Zustand eines Ostinato, dem keine andere Möglichkeit der Entwicklung bleibt als die dynamische Steigerung und Vergröberung.

Durch «Schwung» und «äußere Gestalt» erinnert die Polonaise A-Dur **op. 40, Nr. 1**, wie Franz Liszt festgestellt hat, an die Kompositionen Carl Maria von Webers, insonderheit dessen Polonaise in Es-Dur (Liszt 1880, 38). Weber habe als «Mann von Genie» der Gattung nach Jahren des Verfalls, mit einem Schlag «ihre kraftvolle Pracht zurück(gegeben)» und sie «zum Dithyrambus» gemacht, «in dem plötzlich all' ihre verschwundene Herrlichkeit wieder erschien und zu staunenerregender Entfaltung kam».

Die ist in op. 40, Nr. 1 durchweg laut, bunt und festlich. Thematische Gestalten und Syntax sind quadratisch fest umrissen. Im fanfarenartigen Mittelteil werden Gestus (*energico*) und Dynamik (*ff – fff*) gegenüber dem ersten Teil noch einmal gesteigert. Die äußere Steigerung wird von einer Veränderung der Thematik begleitet, die dem neuen Ton Rückhalt und innere Legitimation gibt. Das Taktpaar 25–26, eine Variante des Zweitakters T. 1–2, ist melodisch stringenter und in der Arbeitsteilung von Melodie, Bass und Mittelstimmen stärker ausdifferenziert als das Original. Entsprechend gewinnt auch der entwickelnde Nachsatz (T. 29 ff.), der auf T. 5 ff. zurückgeht, an motivischer Stringenz.

An den Polonaisen cis-Moll und es-Moll **op. 26, Nr. 1** und **2** hebt der Rezensent der *Allgemeinen Musikalischen Zeitung*, Gottfried Wilhelm Fink, vor allem die Unterschiede hervor. Fink nennt op. 26, Nr. 2 «eher ein Alla Polacca», das Chopin-Kennern «als ein Wundersames gewiss gefallen» werde, während «unbefangene Hörer» nicht wüssten, «was sie denn eigentlich gehört haben». An op. 26, Nr. 1 dagegen findet er viel zu loben:

> Die erste Polonaise, All. Appassionato, ist, was sie sein will, ganz und in sich rund, leidenschaftlich und sanft im wechselnden Contrast, dabei zugleich ansprechend bei aller Eigenheit (...). (*Allgemeine musikalische Zeitung* 39, 1837, No. 1)

Die beiden Stücke markieren Pole, zwischen denen Chopins Komposition von Polonaisen sich insgesamt bewegt. Die Kontraste der Gestalten und der Charaktere in op. 26, Nr. 1 sind vermittelt; die in op. 26, Nr. 2 sind es nicht. Die unterschiedlichen Tonlagen, die in der Polonaise cis-Moll auftreten, sind als Differenz von Ausdrucksweisen eines Subjekts *a priori* harmonisiert; die in op. 26, Nr. 2 sind es nicht. Ein Gegenstück zu dem melodischen Sich-Aussingen, wie es im Mittelteil der ersten Polonaise stattfindet (T. 50, T. 66), wird man in der zweiten vergeblich suchen. Stattdessen sind die interpolierten Gestalten in op. 26, Nr. 2 trockene, geheimnisvolle Gebilde, die plötzlich in Ambitus und Dynamik ausbrechen (T. 21–48, vgl. dazu auch T. 8–12) oder in der Enge ihres Charakters verharren (T. 69–104). Die Polonaise op. 26, Nr. 2 ist weder «leidenschaftlich» noch «sanft», weil die Musik weder erzählt noch singt, weder die Perspektive eines singenden noch eines erzählenden Subjekts einnimmt. Sie wirkt auf Fink bizarr, weil sie objektiviert ist.

Die antisubjektivistische Tendenz äußert sich nicht erst in den Mittelteilen von op. 26, Nr. 2, sondern vom ersten Anfang an auch in dem immer wiederkehrenden Rahmenteil. Die Opposition von Doppelschlag-Quint-Figur und Akkordrepetition (T. 1–2) ist und bleibt verstörend und unverständlich durch die Amplifikationen und Modifikationen hindurch, die sie bis T. 12 erfährt und die zu dem gewaltigen Ausbruch in T. 9 ff. führen.

Schon die Häufung dynamischer und agogischer Anweisungen, die in Chopins Partitur auf dem engen Raum der ersten Takte versammelt sind, lässt den eruptiven, künstlichen, nichtorganischen Verlauf deutlich erkennen. Das *agitato* (T. 13–20), in dessen Figurenwerk die Nebennoten des Kopfmotivs (T. 1) mit den Repetitionen des akkordischen Elements (T. 2) zusammengeführt werden, setzt ein neuerliches *imprévu* innerhalb einer Musik, die mehr außer sich und «seltsam» ist als «ganz und in sich rund».

Nicht jede Komposition, die die Bezeichnung Polonaise im Titel trägt, fällt unter das Gattungsmodell, das in Liszts Aufsatz entwickelt wird. Die *Grande Polonaise brillante* op. 22, der Chopin später ein *Andante spianato* vorangestellt hat, ist ein Werk des Brillanten Stils, dem man durch Konfrontation mit op. 44 und op. 53 nicht gerecht wird. Die *Polonaise-Fantaisie* op. 61 steht durch ihre prozesshafte Organisation den Fantasien näher als den Polonaisen. Die frühen Polonaisen wiederum, die noch in Warschau entstanden, bewegen sich innerhalb des Rahmens zeittypischer Klavierliteratur und haben noch keinen Anteil an der Neubegründung der Gattung, die Chopin nach 1830 vornahm.

4 Arbeit an Vorerfahrungen: Walzer

Chopins Walzer sind, wie die Mazurken, stilisierte Tänze. Beide Gattungen wurden, verblüffend genug, von Zeitgenossen in Paris ideengeschichtlich gedeutet als Phänomene eines «chant national», als Musik, «die eine charakteristische Eigenart des Volkes zeigt, dem sie zugehört»(*Revue et Gazette musicale*, 19.3. 1848). Wie die Mazurka auf Polen, so verweise der Walzer auf Frankreich, das Land, in dem er, wie man überzeugt war, erfunden wurde (Varga-Behrer 2010, 100).

Was Schreibweise und Stilistik betrifft, so ist der Abstand zwischen den beiden Gattungen allerdings weit größer, als das gemeinsame Merkmal eines ternären Metrums vermuten lässt. Wenn Stephen Heller in den Walzern op. 34 eine Nähe zur Mazurka hört und von der Nr. 2 gar behauptet, sie sei «mehr Mazurka als Walzer» (Varga-Behrer 2010, 101), dann wird diese Behauptung durch die Prädominanz walzertypischer, gleichmäßig schwingender Rhythmen (Halbe mit Viertel und Viertel mit vier Achteln) widerlegt, die nicht die leiseste Spur der Mazurkaüblichen Gegenakzente erkennen lassen.

Vor allem aber unterscheiden sich die beiden Gattungen durch die Art tänzerischer Praxis, auf die sie Bezug nehmen, und durch die Art und Weise, wie sie diese Praxis in autonome Musik verwandeln. Während die Kunstform der Mazurka sich auf Folklore bezieht, die – teils real, teils fiktiv – in verschiedenen Teilen des für Pariser Rezipienten fernen Polen musiziert und getanzt wird, verfügen die Menschen, die Chopins Walzer hören, über eigene körperliche Erfahrung im Walzertanzen, über eigene tänzerische Praxis. Die Gattung Walzer ist also mit der Erfahrung von Bewegungsvorgängen und mit dem Leib-Erleben der Zuhörer verbunden.

Im Fall der Mazurka hat Stilisierung ihren Ausgangspunkt in einem Fernen und Fremden, im Fall des Walzers in einem Eigenen, das Bestandteil der körperlichen Selbsterfahrung der Zuhörer ist. Im Fall der Mazurka besteht die Transformation ins Feld der autonomen Instrumentalmusik darin, eine ferne folkloristische Praxis als Steinbruch zu benutzen und das so gewonnene Material satztechnisch, rhythmisch, syntaktisch einem klassisch regulierten Tonsatz zu integrieren. Im Fall des Walzers handelt es sich darum, durch autonome Reformulierung des Usuellen zurückzuwirken auf Erfahrungen der Zuhörer.

Robert Schumann hat die Polarität, in der Chopins Walzer stehen, beschrieben. An den Walzern op. 34 hebt er die Nähe zur tänzerischen Bewegung, zur sozialen Realität der Tanzveranstaltung und zur Praxis der Improvisation hervor:

> ein so fluthendes Leben bewegt sich darin, dass sie wirklich im Tanzsalon improvisiert zu sein scheinen. (Schumann 1854, III, 121 f.)

Im Fall von op. 42 akzentuiert er den Abstand, durch den das Werk vom realen Tanzen getrennt ist. Dieser Walzer sei,

> wie seine früheren, ein Salonstück der nobelsten Art; sollte er ihn zum Tanz vorspielen, meinte Florestan, so müssten unter den Tänzerinnen die gute Hälfte wenigstens Comtessen sein. Er hat Recht, der Walzer ist aristokratisch durch und durch. (IV, 57)

Beide Aspekte, Nähe und Distanz, gehören zusammen. Das Medium, in dem eine Nobilitierung des Walzers möglich wird, die das musikalische Geschehen transfiguriert, ohne seinen usuellen Ursprung zu revozieren, ist die pianistische Virtuosität. In Chopins Walzern ist Virtuosität konstitutiv. Darin liegt ein entscheidender Unterschied zur Mazurka. Virtuose Variation ist in der Lage, sowohl und in einem die Verbindung zum Original und zur Erfahrung der Zuhörer aufrechtzuerhalten, als auch auf die vorausgesetzte Bewegungserfahrung verwandelnd einzuwirken. Wie weit das gelingt, hängt auch davon ab, ob diejenigen, die einen Chopin'schen Walzer hören oder spielen, bereit sind, sich mit ihren Vorerfahrungen auf ein Wechselverhältnis mit der Musik einzulassen. In den Salons der Zeit waren die Voraussetzungen eher günstig. Im Verdikt mancher Nachgeborener, Chopins Walzer seien dem unterhaltenden Genre zuzurechnen und daher von inferiorer Bedeutung, drückt sich Widerstand gegen dieses Erfahrungsangebot aus.

***

In **op. 18** sind die Repetitionen und kurzen Vorschläge Symptome virtuoser Überschreitung einer realen Bewegungsform, Indizien virtuoser Transfiguration des Gewöhnlichen. Beide dienen zunächst als Verzierungen der Darstellung und Verdeutlichung musikalischer Substanz und werden dann hypertroph, verselbständigen sich, treten aus der dienenden Rolle heraus in den Vordergrund des Geschehens.

In der vorlaufenden Tonrepetition (T. 1) holt die Musik den Schwung, um in Gang zu kommen. Der auch weiter im Taktabstand wiederholte Ton b' dient als fester Punkt, als Absprung für die Erweiterung des Ambitus der Oberstimme, vom f" über g" und as" bis zum b" (T. 8). Diesem viertaktigen Vordersatz, charakterisiert durch einen ständig wiederkehrenden fixierten Ton, antwortet ein kadenzierender Nachsatz mit einer fallenden Kette von Sexten (T. 9–12). Diese mehrfach wiederholte, sich selbst genügende und in sich kreisende Konstellation wird aufgebrochen – nicht durch eine kontrastierende Gestalt, sondern dadurch, dass die Tonrepetition gleichsam Amok läuft. Die Töne es", f', f" werden dauerrepetiert, und auch der Bass fällt für vier Takte in repetitive Starre.

Ähnliches lässt sich zeigen für die kurzen Vorschläge, die ihren *high noon* in T. 133 ff. haben. Sie dienten zuvor als Signalelement (T. 85 ff.), als rhythmische Markierung einer hemiolisch angeordneten Akkordrepetition. In T. 133 sind sie entfesselt, entbunden von Aufgaben in der Hierarchie oder im Fortgang des Satzes.

Die Verselbständigung der Repetitionen und Vorschläge entspricht und entspringt dem immanenten Drang virtuoser Performanz zur Übertreibung, zum Höher, Schneller, Weiter. Durch die Hypostasierung verändert sich die Bedeutung ursprünglich ornamentaler Zutaten grundlegend. Sie werden zu Stellen, an denen musikalische Organisation von elementarem Klang überschwemmt wird. Diese neue Qualität wird besonders deutlich in der Schlussstretta, wo beide Elemente auf engstem Raum zusammengeführt, intensiviert und erstmalig auch im *Forte*-Bereich verwendet werden (T. 243 ff.).

Die Tendenz zu virtuoser Übersteigerung von Bewegungsformen, die aus dem Tanz übernommen sind, äußert sich in **op. 34, Nr. 1** erstens im Umgang mit Registern und Registerwechseln und zweitens in extrem nuancierter Binnenartikulation. Beide Aspekte sind zu studieren in der zweitaktigen Figur, die mit genretypischer Redundanz die Fortführung des Hauptthemas bestreitet (T. 33). Ein Ambitus von nahezu zwei Oktaven, der taktweise in die eine oder die Gegenrichtung durchmessen wird, ist am Umkehrpunkt der Bewegung mit einer kleinen Verzierung versehen, bisweilen zusätzlich mit einer vorangesetzten Sechzehntelpause, wodurch ein Innehalten erzwungen wird, das als – für die musikalische Bedeutung nicht essentielle – Binnendifferenzierung den Charme einer künstlich eingeführten Schwierigkeit hat. Den Bogen über zwei Takte zu führen, trotz der hübschen artikulatorischen Markierung in der Mitte – diese Aufgabe hat den Reiz eines Zirkuskunststücks.

Registerkontrast wird eingeführt im Seitensatz (T. 49 ff.) als gestisches Element mit expressiv-deklamatorischer Funktion. In der Wiederholung wird der Abstand der Oktavebenen durch Einfügung rascher Läufe noch eindringlicher gemacht (T. 65 ff.). Zu funktional ungebundener Eigenständigkeit erwacht die Registerdisposition in der finalen Fortführung des Seitensatzes und in der anschließenden Stretta (T. 239 *leggiero, non legato*). Die beiden Ebenen der Töne c" und des c"' werden nacheinander mit chromatischer und diatonischer Figuration fixiert. Dann greifen Registerwechsel Raum, kulminierend im Absturz vom ces"" (T. 268) zum es' (T. 271) mit Fortführung zum es (T. 279).

Die Schlussstretta ist der formale Ort, an dem der definitive Umschlag des Darstellungsmittels in ein entfesseltes Klangelement, als Durchbruch des Elementaren seinen Platz findet.

In **op. 64, Nr. 2** ist die virtuose Tendenz zur Steigerung auf interne Nuancierung gerichtet, auf die infinitesimale Abstufung des Einzeltons. Der Walzer beginnt mit einer Formel, die eher geeignet zu sein scheint, einen Abschluss zu bilden, und durch die die metrische Wahrnehmung ganztaktig ausgerichtet wird. Zum folgenden Taktpaar, das auf Viertel als Zählzeit gestellt ist und kleinste Unterteilungen ebenso wie komplexe Mehrstimmigkeit enthält, gibt es einen Zusammenhang nur dann, wenn die Sexten der rechten Hand, die von T. 1 bis T. 8 eine absteigende Folge bilden, klangliche Identität wahren – quer durch die gestischen, harmonischen, dynamischen Wechsel hindurch. Die Fokussierung pianistischer Virtuosität auf das An-sich des Klangs ist erfordert, um eine disparate Folge von Bewegungselementen instrumental zusammenzubringen.

Auch die strukturelle Brücke, die den Mittelteil (T. 65, *Più lento*) mit der diatonischen Linie verbindet, die dem Hauptsatz (T. 1–8) wie dem Schlusssatz (T. 33) als Gerüst zugrunde lag, wird musikalisch wirksam nur, wenn der Klangkern identisch bleibt. Anders kann die Rückführung in den Schlusssatz (T. 98, *Più mosso*) musikalisch nicht funktionieren.

III Große Form: Transformation des klassischen Erbes

1 Große Erzählungen: Balladen

Die Instrumentalballade ist ein Abkömmling der Vokalballade. Im Bewusstsein der Zeitgenossen ist die phylogenetische Verbindung auch in der Ontogenese des einzelnen Stücks wirksam. Gerade Chopins Balladen für Klavier partizipieren an der Einheit musikalischer und literarischer Kultur. Instrumentale Autonomie erscheint als modifizierende Nachbildung literarischer Kategorien.

Nach der einflussreichen Definition der dichterischen Ballade, die Goethe, auf Herder rekurrierend, gegeben hat, ist die Gattung in besonderem Maß und Verstand performativ. Anstatt ein handfestes Thema mit Hilfe geeigneter Darstellungsmittel zu realisieren, habe der Sänger

> seinen prägnanten Gegenstand, seine Figuren, deren Taten und Bewegung so tief im Sinne, dass er nicht weiß, wie er ihn ans Tageslicht befördern will. (Goethe, *Hamburger Ausgabe*, I, 400)

Das Gestaltungsproblem und die Leistung des Balladensängers besteht nicht darin, «etwas» erzählend zu entwickeln, sondern Latentes («so tief im Sinne») manifest werden zu lassen. Die Geschichte organisiert sich erst im Vorgang des Erzählens. Die vermeintlich schlichte «Anschauung der dargestellten Handlung» wird zum Problem, weil die Darstellung sich vor das Darzustellende schiebt und die Performativität das Gebilde dominiert. Die Einfachheit der «Handlung» erscheint gebrochen im Prisma eines komplexen Rollenspiels.

Zwei wesentliche Merkmale der Gattung werden durch Goethes Erklärung verständlich. Erstens kommt es, weil in der Ballade ein Wissen artikuliert wird, für das sich keine direkte und einfache Entsprechung im Werkzeugkasten der Gestaltbildung findet, zu der gattungstypischen Verschränkung sämtlicher «Grundarten der Poesie», d.h. lyrischer, epischer und dramatischer Elemente. In der Ballade sind

> die Elemente noch nicht getrennt, sondern wie in einem lebendigen Ur-Ei zusammen (...), das nur bebrütet werden darf, um als herrlichstes Phänomen auf Goldflügeln in die Lüfte zu steigen. (Goethe, 400)

Zweitens kommt es, weil die Substanz, das Was und Warum des Gegenstands, um den es geht, unbestimmt ist, zur performativen Entfesselung der Modalitäten, zu einem Übergewicht des Wie der performativen Situation und der Perspektive und Subjektivität des Sänger-Dichters.

So sind die dichterische und in ihrer Nachfolge auch die instrumentale Ballade Teil einer grundsätzlichen Kritik des klassischen Anspruchs, in der Form Einheit substantiell zu verbürgen, Form und Inhalt, Detail und Ganzes, Allgemeines und Besonderes zu versöhnen. Die klassische Gleichung geht nicht auf. Das sich formierende Elementare gelangt nicht zur Anschauung. Das Allgemeine greift nicht im Einzelnen. Begriff und Anschauung konfligieren.

Für den Zugang zu Chopins Klavierballaden ist aus den Debatten über ihr literarisches Pendant festzuhalten: Erstens spricht der Sänger-Dichter der Ballade so wenig wie der Pianist-Komponist der Klavierballade von sich. Er drückt nicht «sich» aus, sondern stellt etwas dar. Zweitens hat das, wovon die Rede ist, nicht den Charakter eines Gegenstands, der direkter Darstellung zugänglich wäre. Mannigfache Perspektivierung durch Rollendarstellung und Rollenwechsel tut not. Daraus folgt drittens, dass in dem Maße, wie sich ein inneres, zentrierendes Subjekt der Erzählung direktem Zugriff entzieht, die Präsenz des Sänger-Dichters und Pianisten-Komponisten an Bedeutung gewinnt, damit das Verborgene ans Licht kommen kann.

Formen der klassischen Musik als solche taugen offenkundig nicht, um die Aufgabe der Balladenkomposition zu lösen. Denn indem die Sonatenhauptsatzform ihren Ausgang von thematischen Gestalten und tonalen Setzungen nimmt, ist sie der Logik des «Ur-Ei» inkompatibel und untauglich, ein zunächst unterbestimmtes Material allmählich auszudifferenzieren. Andererseits sind motivische und strukturelle Prozesse, sofern man sie von der Bindung an klassische Formen und dem Ziel der Vermittlung löst, besonders geeignet, um den Übergang von Latenz zu Manifestation zu gestalten, auf dem die Ballade beruht.

Chopin versucht, von Funktionalität, Prozesscharakter und Indirektheit des klassischen Komponierens zu profitieren, ohne die Illusion klassischer Dämpfung und Versöhnung übernehmen zu müssen. Aus der speziellen Aufgabenstellung der Balladenkomposition gelangt er zum Programm einer Dekonstruktion klassischer Verfahren.

Weder sind Chopins Balladen Sonatensätze, noch meidet der Komponist die Nähe zu klassischer Formung. Die Form der Balladen beruht auf Formkritik. Sie sind gleichsam – die eine mehr, die andere weniger – Anti-Sonaten, «bestimmte Negation» der Sonatenform: Kompositionen, in denen Sonaten-einschlägige formale und prozedurale Elemente, anstatt in der funktionalen Einheit einer Sonaten-Form zu konvergieren, ihre jeweilige Eigenlogik unabhängig und in wechselnden Hierarchien ausleben.

* * *

In der Ersten Ballade g-Moll **op. 23** wirken Modalitäten der Darstellung zurück auf die Substanz der musikalischen Erzählung, ganz so wie Goethe es in seiner Definition der literarischen Ballade beschreibt. Neben dem Grundriss ist auch die teleologische Formidee der Sonatenhauptsatzform präsent. Diese klassische Idee der Form wird jedoch auf nicht-klassische Weise realisiert, so wie umgekehrt die einzelnen formbildenden Verfahren im Thematischen, Harmonischen, Strukturellen zwar sämtlich dem Repertoire der Klassik entstammen, aber nicht in klassischer Form vermittelt und verknüpft sind. Im analytischen Detail wie in der historiographischen Verbindung/Entgegensetzung zum Klassischen entspricht diese Sachlage dem, was Ernst Robert

Curtius mit dem Terminus «manieristisch» bzw. mit dem Begriffspaar «klassisch-manieristisch» beschrieben hat (*Europäische Literatur und lateinisches Mittelalter*, 1948, Kapitel 15). Vielleicht kommt daher der Sache am nächsten, wer die Ballade op. 23 eine manieristische Sonate nennt.

Der Hauptsatz (T. 8) dient der Artikulation der fallenden Linie, die das Stück von der Introduktion bis zur Coda strukturell bestimmt. Dazu bildet er immer wieder Derivate (T. 83, T. 180, T. 36, T. 138 u. a.). Dominierende thematische Gestalt ist hingegen der Seitensatz (T. 67).

Offenkundig ist beim Seitensatz die Dissonanz von tonaler und thematischer Anlage. Das Seitenthema erscheint insgesamt dreimal. Beim ersten Mal (T. 67) tritt es aus einer neutralen Zone leerer Quinten und Quarten als syntaktisch wohlgeformte Gestalt im terzverwandten Es-Dur hervor und repräsentiert gegen die Sphäre der Figurationen, mit der Hauptsatz und Überleitung geschlossen hatten, eine andere Welt (*pp*, *meno mosso*, *sotto voce*). Beim zweiten Mal (T. 106) steht der Seitensatz, nunmehr pompösen Charakters (T. 106 ff.), in A-Dur/E-Dur und in engem Zusammenhang zum vorangehenden Orgelpunkt E und der Tonart a-Moll (seit T. 94). Doch der Aplomb des dynamischen und texturalen Gewandes und der harmonische Konnex ändern nichts daran, dass die Tonarten A-Dur/a-Moll für die Formbildung randständig sind. Der dritte und letzte Auftritt des Seitensatzes, begleitet von stürmisch vorwärtstreibenden Akkordzerlegungen (T. 166) ist, analog zur ersten Version, abgesetzt gegen das, was vorangeht, und wichtig für das, was folgt. Doch die formal entscheidende Rückkehr zur Tonart Es-Dur, von der aus im Folgenden die tonale Auflösung nach g-Moll geschieht und die Coda ausgelöst wird, hat schon im Walzerteil T. 138 stattgefunden.

Zusammengefasst, die zyklische Bewegung, die durch die tonale Differenz g/Es ausgelöst wird und über einen Zwischenaufenthalt in a/A zurück nach Es und schließlich g führt, wird überlagert durch eine prozesshafte Entwicklung des Seitenthemas, deren Dramaturgie an César Franck erinnert: beim ersten Mal ein (formal legitimierter) Fremdkörper, beim zweiten Mal partiell integriert, beim dritten Mal schließlich der entscheidende Impulsgeber, der die musikalische Erzählung zu ihrem Ende bringt.

Das mehrfach wiederholte Seitenthema ist erst am Schluss ein unentbehrlicher Baustein der Musik. Erst am Schluss ist es wirklich verständlich. Dieser Übergang von (partieller) Latenz zu Manifestation wird möglich dadurch, dass das Seitenthema, das zunächst eine Folge war, sich zum Initium einer Folge von Gestalten entwickelt. Die thematische Kausalität wird umgekehrt. War der Seitensatz zunächst Effekt, durch den Hauptsatz vorbereitet und hervorgerufen, so erfüllt er am Schluss selbst initiierende, begründende Funktion. In der finalen Form wird das Thema durch eine in halbtaktigen Wellenbewegungen disponierte Achtelbegleitung dynamisiert (T. 166) und mit den anschließenden Hauptsatz-Derivaten verbunden (T. 180), in denen der melodische Strukturton d'' (T. 190) erklingt und der Bass von Es über G zum wichtigen Dominantakkord D-Dur fortschreitet. Gestalt und Funktion konvergieren. Durch das Wechselspiel von Gestalt und Funktion wird die thematische Gestalt, die noch im Wirbel der Presto-Coda zu erkennen ist, erst wirklich verständlich.

Chopins Zweite Ballade **op. 38** «steht», wie man sagt, «in F-Dur». Sie schließt aber in a-Moll. Das Stück ist also in zweifacher Hinsicht anstößig, verstößt zweifach gegen klassisches Reglement. Einmal wird das musikalische Gegenstück zur dramatischen Forderung nach Einheit von Ort und Zeit verletzt. Zum anderen werden die Gravitationsverhältnisse zwischen Dur und Moll umgekehrt. Die klassische Hierarchie steht auf dem Kopf, weil das Stück in einer anderen als der Grundtonart schließt und weil die Welt des Dur durch die Gegenwelt des Moll überwältigt wird.

Die Ballade weist deutliche Züge einer Sonatenhauptsatzform auf. Nach einer Exposition, in der eine tonale Differenz, die Tonart und Tongeschlecht umfasst, durch einen drastischen Kontrast von Charakter und Tempo in Szene gesetzt wird (T. 1 *Andantino, sotto voce*, T. 46 *Presto con fuoco, fortissimo*), markiert der Wiedereintritt des Hauptthemas in T. 83 den Beginn einer veritablen Durchführung. Dieser Formteil ist von T. 95 an durch eine intensive modulierende Aktivität geprägt, ab T. 115 durch eine komplexe Konfrontation der beiden harmonischen Welten (G^7 – C/F bzw. H^7 – E/a). Schließlich mündet die Durchführung, die durchweg thematisches Material aus dem Hauptsatz benutzt – ganz zwanglos – in den Seitensatz, mit dem die Reprise einsetzt (T. 140).

Der Unterschied der beiden Tonarten F-Dur und a-Moll stellt sich auf der Ebene der Tonika-Dreiklänge als Differenz der Töne e und f dar, insofern die gemeinsamen Töne a und c durch e bzw. durch f zu Dreiklängen komplettiert werden können. In der Exposition wird der imperiale Drang, mit dem die Tonart a-Moll auftritt (*Presto con fuoco*), zurückgedrängt, eingehegt sozusagen, indem Chopin den diskriminierenden Ton e durch den Ton es ersetzt (T. 66, T. 70 ff.). Wenn das e in T. 81 wieder erscheint, dann ist es Teil der Dominante und Leitton nach F-Dur (T. 82).

In der Reprise fehlen die Elemente der Einhegung. Stattdessen wird e als V. Stufe von a-Moll triumphal herausgestellt durch eine Folge beidhändiger Triller, die vom e/E zum A/A_1 führen (T. 164–168). Diese Trillerkette löst eine Coda aus, wie eine gespannte Feder, die plötzlich freigegeben wird. Es ergießt sich ein Sturzbach von Figurationen, von Affirmationen des siegreichen harmonischen Raums des Dreiklangs a-c-e (T. 168 *agitato*), unter besonderer Berücksichtigung der fallenden Sekund f-e (T. 188–189, T. 192–193, T. 199–200 u. ö.). Es wird final festgestellt, dass der Ton e nicht Leitton zur Tonika F, sondern f eine VI. Stufe ist, die sich – wie üblich in Moll – in einem Kleinsekundschritt zur V. Stufe der Bezugstonart a-Moll senkt.

Es stimmt nicht, dass es auf den Unterschied von F-Dur und a-Moll nicht so ankommt, weil die Romantiker mehr «in a general tonal area» dachten als «in a clearly defined and specific tonality» (Rosen, *Sonata Forms*, New York 1980, 295 f.).

> Diese instabile Stimmung, die launenhafte und wunderliche Zyklothymie heißt bei den romantischen Musikern Humoreske. Sie herrscht in den Fantasiestücken von Schumann, im Dualismus der Zweiten Ballade in F-Dur – a-Moll von Frédéric Chopin. (Jankélévitch, *L'ironie*, Paris 1964, 133)

In der Zweiten Ballade ist eine Einheit anderen Typs realisiert, die gerade deshalb glückt, weil die Differenz buchstäblich bewahrt bleibt und nicht «aufgehoben» wird im Hegel'schen Sinn. Jankélévitch deutet Chopins op. 38 nicht als Sonate, die zugleich bipolar ist, oder als Werk, das trotz seiner bipolaren Disposition als Sonate angesprochen werden kann. Vielmehr hält er dafür, dass der Komponist Identität und Einheit der Sonatenform geradewegs mit Hilfe ihrer tonalen Bipolarität realisiert.

Die These lässt sich an der Coda zur Coda (T. 196) plausibel machen. Erst dadurch, dass der Hauptsatz selbst in a-Moll erscheint, wird a-Moll schlussfähig und als Tonart beglaubigt. In der finalen Kadenz werden die beiden Entwicklungen, die durch den Hauptsatz und durch den Seitensatz getragen wurden, zusammengeführt. Das bedeutet, dass die harmonische Konstruktion, der harmonische Rahmen der Ballade Resultat konkreter kompositorischer Maßnahmen ist. Die Musik bewegt sich nicht in einem vorgezeichneten tonalen Rahmen, sondern macht diesen Rahmen zum Thema. Die Realität der tonalen Konstruktion wird erzeugt durch zahlreiche Faktoren der realen musikalischen Erzählung. Charakteristik, Gewicht und Entwicklung der Themen spielen eine Rolle, die Ambiguität der Taktart und die Macht der Figurationen sind treibende Faktoren.

In der Ballade As-Dur **op. 47** sind Formteile und Formfunktionen der klassischen Sonate zu erkennen. Es gibt eine Exposition kontrastierender Gestalten und Tonarten (T. 1, T. 53), eine Durchführung (T. 183) und eine Wiederherstellung der Grundtonart, verbunden mit einer Wiederkehr des ersten Themas im triumphierenden Duktus (T. 213).

Zugleich wird die Deutung als Sonatenform durch eine Reihe von Faktoren stark erschwert. Neben der Existenz eines dritten Themas (T. 118, T. 231), das mit der Grundtonart fest verbunden ist und in der Exposition einen doppelten tonalen Kontrast erzeugt (As-f und As-cis), steht vor allem die in sich abgerundete Mehrteiligkeit der beiden Hauptthemen dem Dynamismus einer Sonate klassischen Zuschnitts entgegen. Bis zum, sehr späten, Einsatz einer thematisch durchführenden und harmonisch modulierenden Partie (T. 183) bietet die Ballade eher das Bild einer Reihungsform, deren Abschnitte sich selbst genug sind. Das Problem, das entsteht, wenn Teile der Sonatenform sich in Dreiteiligkeit verkapseln, ist aus Instrumentalsätzen Franz Schuberts bekannt. Der Neuansatz in der Grundtonart oder der Rückfall in die Grundtonart, nachdem ein erster tonaler und harmonischer Kontrast installiert war, tut ein Übriges, um den Eindruck einer irgendwie gearteten Entwicklung zu verhindern.

Auch wenn die Ballade in Grundriss und Anlage von den klassischen Vorlagen abweicht, ist das Verhältnis von Thema, Harmonik und Form ohne Rekurs auf die klassische Sonate aber kaum zu verstehen. Zugang zur Formidee lässt sich am besten gewinnen, indem man die drei Themen in ihrer formalen Funktion miteinander vergleicht. Funktionale Parataxe könnte man die eigentümliche Beziehung von Teilen und Ganzem nennen.

Der Seitensatz (T. 53–115) ist zwar nach außen durch Dreiteiligkeit abgeschlossen. Zugleich aber verfügt das Thema II (T. 65) intern über das Vermögen, in einem zweiten Durchgang (T. 81) in Bezug auf Ambitus, Dynamik und Charakter zu expandieren. Thema I dagegen ist, im Vergleich betrachtet, statisch. Es steckt voller kleiner expandierender Gesten (T. 1–2, T. 14–15, T. 26 ff.). Aber diese Gesten haben keine unmittelbaren Auswirkungen auf den Verlauf. Sie verharren als bunte Vielfalt von Details in dem gesteckten syntaktischen und formalen Rahmen. Thema I bleibt in der Exposition ohne hörbare Ambition, aus sich herauszutreten, ist aber wesentlich an der Durchführung beteiligt (T. 197 u. ö.), markiert in neuem, triumphalem Gewand die Rückkehr der Grundtonart und formt so eine veritable Reprise (T. 213). Thema I ist also Träger der Verwandlung im Großen. Der Wandel, den es auf dem Weg von der Exposition zur Reprise durchläuft, entspricht dem teleologischen Prinzip der klassischen Sonate.

Gegen die beiden Hauptthemen, die interne resp. externe Dynamik repräsentieren, steht im Thema III das Paradox einer expandierenden Figur, die bei jedem Auftreten (T. 116, T. 232) an Tonart und Tonstufen gebunden bleibt und auch ihren Charakter hartnäckig wahrt. Thema III ist selbstidentisch. Seine dramaturgische Wirkung ist die einer Konstante, gegen die sich die Veränderungsmodi der beiden anderen Themen abheben. Wegen seiner unerschütterlichen Bindung an die Grundtonart ist das Thema III auch prädestiniert, den Schluss der Ballade zu bilden.

Auf ihre Weise ist so auch die Dritte Ballade eine Anti-Sonate, bestimmte Negation einer klassischen Sonate. Das Sonatenprinzip wird durch dieselben Mittel in neuartiger Konfiguration realisiert, die der Erfüllung des klassischen Typus entgegenstehen. Erst das – sonatenkonträre – Sich-abschließen der beiden Themen gegen einen thematischen Prozess öffnet einen Erfahrungsraum zweiter Ordnung, in dem die Differenz von Expansion und Beharrung zum Movens der Form werden kann. Ziel und Mittel der klassischen Sonatenform werden in manieristischer Weise um-geordnet und um-akzentuiert.

Die Versuchung ist groß, die Ballade f-Moll **op. 52** als Hybrid aus Sonate (mit sehr knapper Durchführung) und Variationenfolge (Erstes Thema T. 7, Variation 1 T. 23, Var. 2 T. 58, Var. 3 T. 135, Var. 4 T. 152), als Fügung aus statischen und entwickelnden Teilen zu beschreiben (Samson, *Chopin. The Four Ballades*, Cambridge 1992, 67 und 63). Dagegen spricht allerdings der Eindruck von Dichte und Stringenz, der von dem Werk in besonderem Maße und keineswegs allein von der furiosen Coda ausgeht. Dagegen spricht vor allem, dass nicht Variationen, sondern Varianten das grundlegende Verfahren sind, aus dem sich der Fortgang der musikalischen Erzählung speist. Verändert werden nicht Gestalten, sondern Relationen, genauer: ein Gefüge von Relationen. Chopin re-komponiert die klassische Form, indem er die ihr eigenen Mittel und Strategien in veränderter Anordnung und Gewichtung einsetzt.

Das Gefüge tonaler und thematischer Relationen präsentiert sich zunächst in der Art einer Sonatenexposition (T. 1–99). Die tonalen und thematischen Differenzen, die in der Exposition dargestellt sind, werden in der Reprise (T. 129) nicht «eingerichtet», sondern im Sinne einer Logik von Latenz und Manifestation zur Entfaltung gebracht. Lokal begrenzte, in ihrer Reichweite eingeschränkte Differenzen kommen – ebenso allmählich wie überraschend – in den Vordergrund und bestimmen schließlich Ablauf und Richtung, in der die musikalische Erzählung verläuft. Lokale Reibungen explodieren. Die Tendenz zur Subdominante, die im tonalen Kontrast der beiden Themen herausgestellt wird (Thema I: f-Moll, Thema II: B-Dur), ist der Treibsatz, der die finale Explosion auslöst (T. 169: Des-Dur, anstelle des erwarteten b-Moll). Der Konflikt der Töne g/ges trägt die harmonisch-funktionale Differenz auf die Ebene kompositorischer Details, sorgt für eine Dauerreibung *en miniature*. Dabei steht g als Bestandteil der Dominante für die Grundtonart, ges als erniedrigte VI. Stufe von B für die subdominantische Region.

In der Reprise ändert sich das Verhältnis der beiden Themen zueinander. In der Exposition bildet der Seitensatz Ruhepol und Widerlager innerhalb einer Gesamtsituation, die vom Hauptsatz und seinen Varianten-Derivaten bestimmt wird. In der Reprise kehren die Dominanz-Verhältnisse sich um. Es sind – ausgehend von dem Scharniertakt 169 – die Erscheinungsformen und Folgen des Seitensatzes, aus der die Ballade den Impuls gewinnt, der sie aufs Ende zutreibt. In dieser gerichteten Bewegung realisiert sich, jenseits aller Überlegungen zur Gliederung, die klassische Dramaturgie der Sonate auf anti-klassische Weise.

Die Coda lärmt. Um die tonalen Verhältnisse abschließend zu klären, d.h., die Stufenfolge as'-g'-f' zu Ende zu führen (T. 211–214, T. 218 ff.) und den diskriminierenden Ton ges final zu integrieren, muss erheblicher Aufwand getrieben werden. Intervention und Abwehr geschehen in mehreren Durchgängen. Beim ersten Mal, da sich der Ton ges als Repräsentant der identitätsbedrohenden subdominantischen Welt in den Tiefen des figurativen Gewebes vernehmlich macht (T. 212: ges-ges', T. 214 ges'-ges"), erfolgt die Korrektur auf dem Fuße, in der zweiten Hälfte desselben Taktes. In den Takten 215–216 hat die Bedrohung ein anderes Ausmaß. Die Töne as"-ges"-e" (= fes"), halbtaktig auf den Zählzeiten positioniert, jeweils mit Akzent versehen und mit chromatischen Terzentonleitern unterlegt, führen am Zielton des Terzzugs, an der tonikalen I. Stufe es, in die das as zurückgeführt werden soll, geradewegs vorbei. Der größeren

Bedrohung entsprechend müssen stärkere Mittel aufgeboten werden, um die Lage zu klären (T. 217 Spitzenton g''', T. 218 as'-g' mit Akzenten, T. 224/226 ges-G-C-f).

Doch es geht in der Coda um mehr als darum, ein formales Problem zu bewältigen. Die Kraft, die aufgeboten wird, um der Gravitationswirkung der Subdominante entgegenzuwirken und die Identität der Tonart zu erreichen, schießt über das Ziel hinaus, einen Konflikt zu befrieden, der von den konkurrierenden Tönen ausgeht. In der Strategie zur Lösung einer immanenten Aufgabe innerhalb einer individuellen Komposition tritt die Gefährdung zutage, die der Musik aus ihrer unauflöslichen Bindung an das Geräusch erwächst.

> Das Wunder der Musik besteht darin, dass die reine Melodie, die kein Ohr hört, gleichwohl all die nicht-menschlichen [sc. die durch die natürlichen Materialien der Tonerzeugung entstehenden] Geräusche bezwingt. (...) Ohne Zweifel gibt es schöne Musik nur im Geräusch. (...) Alle Geräusche sind in Aufruhr, und dennoch ist die Melodie gerettet; sie ist rein, sie ist ideal; sie hat nicht mehr Körper als eine Gerade. Und dennoch hat sie einen Körper aus Geräusch; sie ist wirklich durch ihren Sieg über das Geräusch. (Alain, *Propos*, I, Paris 1956, 356f.)

Es ist dieser Zusammenhang, der in der Coda der Vierten Ballade den Höllenlärm entstehen lässt. Figuratives Komponieren schlägt den Bogen von artikulierter Musik ins Vormusikalische.

2 Große Bilder: Scherzi

«Scherzo» ist die Bezeichnung für einen der beiden Mittelsätze einer Sinfonie oder Sonate. Ein Scherzo bezieht seine innere Dynamik nicht aus sich selbst, sondern aus seiner Beziehung zu dem, was vorausgeht, und zu dem, was kommt, vor allem zum langsamen Satz. Der flüchtige Charakter und das rasche Tempo, die das Scherzo auszeichnen, seit es sich zwecks optimaler Erfüllung seiner Funktion im Sonatenzyklus von der Solidität des Menuetts emanzipiert hat, sind die Indizien seiner Rolle als Widerpart und Mittler. Wie ist diese Charakteristik zu erhalten und neu zu realisieren, wenn ein Scherzo sich selbständig macht und für sich steht?

Chopins Scherzi sind wesentlich unvollständig. Sie weisen aus sich heraus und über sich hinaus, sind zugleich aber abgeschlossen und zu einem sinnvollen Ganzen gefügt. Chopin überträgt die Rolle, die das Scherzo als Kontrast-Übergang-Verbindungs-Element im Sonatenzyklus spielt, auf das Verhältnis von Scherzo und Trio der für sich stehenden Komposition. Ein Verhältnis, das zwischen Sätzen bestand, wird auf die Relation der Teile eines einzelnen Stücks projiziert. Wie im Sonatenzyklus der Nachdruck auf dem langsamen Satz liegt, so bilden die Trio-Teile in Chopins Scherzi die Hauptsache, was die Entfaltung von Schönheit und Rührung betrifft. Alle vier Scherzi enthalten, ungeachtet ihrer unverwechselbaren Identität und der beträchtlichen Unterschiede, die zwischen ihnen bestehen, melodische Mittelteile von großer expressiver Intensität. Diese Mittelteile bilden den Empfindungs-Kern der gesamten Komposition. Die jeweiligen, phantastischen oder düsteren Rahmenteile scheinen vor allem zu dem Zweck erfunden zu sein, solche Melodien möglich zu machen. Die Trioteile sind das gerahmte Zentrum des Werks, nicht «kontrastierende Mittelteile» zu einer musikalischen Haupthandlung, die sich davor oder danach abspielt.

Damit dringt eine formale «Dissonanz» ins Innere der Scherzi ein, die unmittelbare Auswirkungen hat auf die Gestaltung des Rahmenteils selbst. Die gewohnte Hierarchie von Rahmenteil und Trio ist umgekehrt, mindestens nivelliert. Der Rahmenteil muss Prägnanz und Gewicht erreichen und zugleich seine Unselbständigkeit wahren. Durch diese in sich widersprüchliche Aufgabenstellung erklärt sich eine Reihe von Merkmalen, durch die sich die Scherzi im Kreis der Gattungen der Chopin'schen Klaviermusik abheben.

Keines der Scherzi beginnt mit stabilen Verhältnissen oder einem klaren, musiksprachlich differenzierten *statement*. Metrum und Syntax klären sich erst im Verlauf. Sehr lange Notenwerte koexistieren mit sehr kurzen, ohne dass die Schicht der Zählzeit, die für Orientierung sorgt und Tempo und Tempoempfinden möglich macht, gegeben oder erkennbar wäre. Thematische Gestaltbildung wird vermieden oder möglichst hinausgezögert. Kontrastierende Gesten und Ausbrüche figurativer Bewegung bestimmen das Bild. Scharfe Charakteristik verbindet sich mit musiksprachlicher Unterbestimmung.

Diese Konstellation von Bestimmtheit-Unterbestimmtheit prägt durchweg die Rahmenteile der Scherzi. Realisiert wird sie durch figuratives Komponieren. Figuration bildet die Indifferenz-Ebene, von der aus die Unterscheidungen von Melodie und Begleitung, von Harmonik und Thematik, von Registerdisposition, Klang und Tonsatz initiiert und gesteuert werden. Themen, selbst tonale Relationen bleiben sekundär in dem Sinne, dass sie innerhalb der zeitlichen und klanglichen Abläufe mehr Wirkung und Erscheinungsformen als Ursache sind. Motivik ist Grenzwert oder Grenzbereich des Figurativen.

Wegen des Primats der Figuration wird in den Scherzi pianistische Virtuosität wesentlich. Die Materialität des Instruments und des Klangs spielen eine entscheidende, eigenständige Rolle. Diese Tendenz zum Materialen drückt sich auch in extremen Tempi aus, durch die der musikalische Ton, musikalische Gestalten und Beziehungen in Grenzsituationen gebracht und Risiken ausgesetzt werden.

Im weiten Feld der Gattungen, in denen Chopin das figurative Komponieren über die Grenzen der Konvention hinaus entwickelt (vgl. Kapitel IV.1), sind die Scherzi dadurch einzigartig, dass sie die formbildenden Möglichkeiten des Figurativen kultivieren. So entstehen große Bilder, die als alternatives Formmodell neben die großen Erzählungen treten, die Chopin in seinen Balladen aus der Dekonstruktion der Sonatenform gewinnt.

* * *

Im Scherzo **op. 20** werden Grundlagen der Gattung mit einer Radikalität exponiert, die dazu geführt hat, dass das Werk in der Gunst der Spieler und Zuhörer bis heute hinter dem zweiten Scherzo **op. 31** rangiert. Die Schroffheit des Beginns ist in op. 31

durch die rhetorische Geste des Kontrasts gleichsam psychologisch motiviert und domestiziert. In op. 20 hingegen bekommt der Hörer eine intervallische Struktur aus verminderter Sept und Sekund vorgesetzt (T. 9, vgl. auch T. 44–45 und T. 1–8), die im Folgenden weder auf motivische Weise noch im Sinne einer Logik der Empfindung entfaltet wird, sondern einzig und allein strukturell und haptisch: strukturell, insofern die Intervallzelle horizontal wie vertikal verwendet wird (T. 9, T. 24–25, T. 44); haptisch, weil in der äußerst raschen Figuration simple und bequeme Akkordbrechungen dergestalt mit Vorhalten durchschossen sind, dass die Bewegungen der Hand erschwert werden. Dieses Konzept einer Figuration mit subtilen kleinen Hürden hält sich bis in die Coda. In T. 570ff., und vor allem ab T. 601 ff. werden konventionelle Figurationen durch Störtöne aufgeraut und der Brillante Stil gegen den Strich gebürstet.

Auf formaler Ebene wirkt in op. 31 ein wenig die Sonatenhauptsatzform, während op. 20 ohne solch nobilitierende Traditionsbezüge auskommt und ganz auf hartnäckige Repetition von Teilen gestellt ist. Das Prinzip wörtlicher Wiederholung erfasst selbst die tonale Position und Entwicklung der Teile. Im ersten Scherzo herrscht ein Zug nach vorn, der ohne Ursache ist und ohne Ziel. Die Takte 9–68 erscheinen, wenn man die durch Wiederholungszeichen verlangte unmittelbare Repetition mitzählt, insgesamt sechs Mal. Dreimal folgt auf diesen Block der immer gleiche Entwicklungsteil (T. 69, T. 185, T. 449), einmal stattdessen das Trio (T. 305) und am Schluss eine Coda (T. 570). Wiederholung ist das Mittel, um unmotivierte, rasende Bewegung immergleicher Figuren zu rahmen. Fortsetzungen bilden das Mittel, um auf die Wahrnehmung des Immergleichen einzuwirken.

Dem Mittelteil des Scherzo op. 20 liegt eine Vorlage aus der Folklore zugrunde, ein polnisches Weihnachtslied. Doch nicht die Melodie für sich genommen macht das Trio aus. Der Kontrast zum Rahmenteil beruht auf satztechnischer Finesse. Die erste Trio-Melodie (T. 305) ist in ein Gewebe aus fixierten Tönen eingeflochten (fis/fis", Orgelpunkt H_1). Der Dezimenrahmen dis'-fis" (T. 305–309) wird verschoben nach fis'-ais" (T. 311), zugleich wechselt die Melodiestimme, die sich zunächst am unteren Rand der Dezimen bewegt hat, in die obere Oktav und an den oberen Rand. Zum Quell musikalischer Expressivität wird das Verhältnis von Rahmen und Melodie mit fluktuierenden Dominanzen. Melodien sind Grenzwerte des Figurativen, nicht Grundelemente der Komposition.

Eine andere Form texturaler Aktivität herrscht im Bereich der Gegenmelodie, die in T. 321 einsetzt. Sangliche Linearität ist eingefasst in ein Gerüst von Terzengängen. Terzbezüge wirken auch im Rahmenteil und in der Introduktion (T. 10: e-g, d-fis plus ais-cis', h-d'; T. 1/5: cis-e als verbindendes Element, g-h, fis-ais als Fortschreitung). Doch dort bleiben die Terzen im Hintergrund oder partiell. Die Gegenmelodie des Trios hingegen lebt aus dem Wechselspiel von Melodie, Terzengang, der von e'-gis' (T. 322) nach dis'-fis' führt (T. 323), und Terz-/Sext-Scharnieren (T. 323, 325, 328–329). So entsteht eine Melodiebewegung auf zwei Ebenen, die ineinander greifen und durch Terz-Sext-Scharniere verbunden sind: h'-ais'-gis'-fis' (T. 321–322); d''-cis''-h'-a' (T. 323–324) mit fundierender aufsteigender Terzenfolge dis'-fis' (T. 323), e'-gis' und fisis'-ais' (T. 324) nach fis'-a' (T. 325). Die Intensität der Melodie ist Ergebnis texturaler Aktivität.

Durch die expressive Intensität in den Trioteilen der Scherzi lassen Interpreten sich öfter zu dem Versuch verleiten, den Ausdrucksgehalt des Ausdrucksvollen durch drastische Temporeduktion oder exzessives Rubato zu steigern. Solche Eingriffe gefährden das Verständnis der Kompositionen.

Im Trio von op. 20 hat der Rückgriff auf eine Melodie, die von realen Menschen im realen Leben gesungen wird (T. 305), klarerweise Konsequenzen für das Tempo. Chopins Metronom-Angabe (Viertel = 108) bezeichnet die Tempo-Dimension, die durch die Praxis des Singens vorgegeben ist, und damit auch das Verhältnis von Tempo und Charakter, innerhalb dessen Chopins artifizielle Komposition sich bewegt. Eine Halbierung des angegebenen Tempos verbietet sich, weil realen Sängern die Luft ausgehen würde und der Charakter der Klavierkomposition ebenso eingreifend verändert wäre wie im notorischen Fall der «Träumerei» von Schumann. Dem vom Komponisten geforderten sangbaren Tempo entspricht die Angabe ganztaktiger Pedale in der Partitur. Die Praxis, das Pedal mit jedem neuen Melodieton zu wechseln, gefährdet wie die Verzerrung des Tempos die Wahrnehmung des melodisch-klanglichen Zusammenhangs.

Im Trio des Dritten Scherzos **op. 39** folgt auf viertaktige choralartige Zeilen (*meno mosso*, T. 156–159) jeweils eine ebenfalls vier Takte umfassende Figuration (*leggierissimo*, T. 160–163). In der Figuration werden die Außenstimmen des Choralsatzes aufgenommen und figurativ entwickelt und zerstäubt. Der Bass B_1-As_1-Des_1 gibt der Diskantfigur den Rahmen (b’’’, T. 159 – des’’, T. 163). Die Oberstimme des Chorals, des’-es’-f’, erscheint als gebrochene Mittelstimme im Innern des figurativen Gewebes (T. 159–161 des’’’-es’’’-f’’ resp. T. 161–163 des’’-es’’-f’).

Die aufführungspraktische Konvention freilich, der sich kaum ein Pianist entziehen mag, zerstört das Verhältnis, das Chopin komponiert hat, und wirkt trivialisierend auf das ganze Stück. Man beschleunigt die – nicht schwer auszuführende – Diskantfigur so, dass sie drei statt vier Takte umfasst. Die Deformation der Zeitverhältnisse produziert syntaktischen Unsinn: Anstelle von vier plus vier Takten bekommt man vier plus drei Takte zu hören.

Das Scherzo op. 39 ist wegen seiner Dramaturgie im Großen leicht fasslich und deshalb populär. Ein dramatischer erster Teil, dessen Entstehung aus der Einleitung keine Verständnisprobleme bereitet, weil die charakteristischen Oktaven sich schrittweise aus Gesten zu musiksprachlich artikulierten Einheiten formieren, bekommt im choralartigen Gesang des Trios ein gestalthaftes Komplement. Der Kontrast ist durch motivische Zusammenhänge unterlegt (T. 106 ff.–156 ff.). In einer modifizierten Reprise werden beide Teile auf eine Weise wiederholt, die sie als Haupt- und Seitensatz einer Sonatenform verstehen lässt (T. 367, T. 448). Die Coda (T. 571) erfüllt alle Erwartungen an einen wirkungsvollen Beschluss, den ein musikalischer Prozess mit Diskursqualität verlangt.

Das Vierte Scherzo **op. 54** ist in gewisser Weise ein untypischer Repräsentant der Gattung. Es kommt zu Beginn ohne den schroffen, unvermittelten Kontrast aus, der in anderen Scherzi geradezu Signalcharakter hat. Die Komposition hebt auch nicht im gestischen, vormusikalischen Bereich an. Durch den ersten Viertakter ist die Zählzeit der punktierten Viertel geklärt, am Ende des zweiten Viertakters die metrische Grundeinheit aus vier Zählzeiten umrissen, und auch die Grundtonart ist mit dem vierten Takt – durch Melodieführung wie einen Dominantseptakkord – markiert.

Aus der intervallischen Substanz der ersten vier Takte entspinnt sich eine bunte Vielfalt von Gestalten und Stationen. Selbst die Melodie, mit der das Trio einsetzt (T. 393 *Più lento*), zehrt hörbar von der Substanz der ersten Takte. Einzig T. 18–22 stechen durch einen unmotivierten Überschuss an klanglichem Eigensinn in Register und Artikulation (*staccato*) aus der Kontinuität dieses Prozesses hervor. Als kadenzierender Schlussteil des Hauptsatzes sind sie zugleich Teil der Funktionalität von Syntax und Form.

Das zweite überschüssige Element, das die kontinuierliche Entfaltung der Ausgangselemente aufmischt, bildet eine weit gespannte Figuration, die erstmals in T. 66–72 auftritt. Neben Register und Artikulation (*leggiero*) kommt die plötzliche Fülle kleinster Notenwerte als Irritationsfaktor hinzu. Auch dieses «Störelement» ist bzw. wird zum tragenden Bestandteil der weiteren Entwicklung, gibt Anstoß für satztechnisch komplexere Schichtungen (T. 98) und weiträumige entwickelnde Passagen (T. 219, T. 233).

Gegen die Macht der integrierenden Kräfte behauptet die Achtel-Figuration beim Übergang zur Reprise des Hauptteils ihre subversive Qualität. Die Figur illuminiert einen großen Dominantorgelpunkt (T. 579), dient so tonal und formal einem übergeordneten Zweck. Doch dann mutiert sie in einen Dauertriller (h-c', h-cis'), auf dem sie eigensinnig auch beim Wiedereintritt des Hauptmotivs verharrt (T. 601). Auch an der dem T. 33 entsprechenden neuerlichen Aufnahme des Hauptmotivs (T. 633) ist der Triller unterlegt. In der Coda breitet der Triller sich über den Tonsatz aus (T. 889), wird zum Terzentriller (T. 893), wechselt ständig zwischen h und h'.

So wird im Vierten Scherzo die Auseinandersetzung mit der Eigendynamik des Vorgestalthaften, musiksprachlich nicht gebundenen Klangs auf subtile Weise geführt. Zu drastischen, «packenden» Ausbrüchen des Elementaren kommt es nicht.

3 Instrumentale Rollenspiele: Konzerte

Das Solokonzert ist die Gattung des instrumentalen Rollenspiels und der Ostentation von Klang durch Virtuosität. Ihr Ursprung liegt in der Oper. Die funktionalen Grundlagen, mit denen das Instrumentalkonzert seit Anfang des 18. Jahrhunderts operiert, sind in der barocken Arie vorgebildet. Dabei handelt es sich nicht um eine formale Architektur, sondern um ein System von Differenzen, das es den Klangkörpern – Orchester und Solist – gestattet, sich aneinander, gegeneinander, miteinander als Akteure eines Rollenspiels, als *concerto agents*, zu formieren (Joseph Kerman, *Concerto Conversations*, Cambridge/MA 1999).

Das Verhältnis von vokaler Virtuosität und instrumentaler Rahmung wird als Unterscheidung von Ritornell und Episode in Szene gesetzt, als Differenz zwischen Fortgang der musikalischen Erzählung und Exhibition von Klang (*discourse* vs. *display* in Kermans Terminologie), als Gegensatz von Kollektiv und Individualität. Diese Unterscheidungen, insbesondere die grundlegende Differenz von Ritornell und Episode, sind (schon bei Vivaldi) beweglich. Weder ist jede solistische Intervention in formaler Hinsicht eine Episode (d. h. ein tonal, thematisch, satztechnisch locker gestrickter Teil) noch jedes *statement* des *tutti* ein Ritornell (d. h. eine harmonisch-thematische Säule der Konstruktion). Die Funktionen/Rollen werden von den Klangkörpern auf verschiedene Weise und mit unterschiedlicher Deutlichkeit/Eindeutigkeit ausgefüllt. Im Extremfall (vgl. Chopins op. 21) können Verfahren virtuoser Selbstdarstellung zum Sachwalter rationaler Organisation werden und für Verständlichkeit des Ablaufs sorgen.

Publikum und Pianisten lieben Solokonzerte, gerade die Klavierkonzerte von Chopin. Musiktheoretiker, vor allem diejenigen, denen der Aufweis lückenloser struktureller Integration in instrumentalen Prozessen am Herzen liegt, fremdeln mit den opp. 21 und 11 wie der Gattung insgesamt. Der Mechanismus des Solokonzerts unterscheidet sich von Gattungen wie Sonaten, Fugen, Variationen, in denen Zuhörer unmittelbar angesprochen werden, durch wesentliche Indirektheit. Im Solokonzert erleben Zuhörer das Rollenspiel der Akteure. Sie erhalten dabei, nicht anders als in Sonaten, Fugen, Variationen, Angebote zur Identifikation, zum Sich-Wiedererkennen, aber diese Angebote gehen von einer polarisierten musikalischen Oberfläche aus. In Musik, die sich unmittelbar an die Zuhörer wendet, sind Faszination des Klingenden und Logik des Diskurses, *display* und *discourse*, miteinander verbunden. Klang ist funktionaler Klang, und die Logik des Diskurses bedient sich, um wirksam zu werden, der Macht des Klingens. Im Solokonzert aber sind diese beiden Komponenten voneinander gesondert. Sie werden bisweilen gegeneinander geführt, und die Konstellationen, die sie eingehen, unterliegen ständigem Wechsel.

Die theatrale Mehrdimensionalität des Solokonzerts, die den Zuhörer nötigt, Perspektiven und Ebenen zu wechseln und musikalische Ereignisse als *statements* und Interventionen der Akteure auf der Bühne zu hören, gehorcht einem anderen Typus von Wahrnehmungslogik als eine thematisch-harmonische Erzählung, deren Komplexität die Zuhörer, wenn sie das «Thema» begriffen haben, linear «folgen» können. Wo die Erfahrung der Oper fehlt bzw. die Bereitschaft, Opernerfahrungen als ein Paradigma musikalischer Wahrnehmung eigenen Rechts anzuerkennen neben dem tönenden Diskurs, wird das Solokonzert auf Vorbehalte stoßen.

Im Solokonzert gehört virtuose Figuration zu den formkonstituierenden Bestandteilen. Sie ist tragendes Element, insofern es dem *display* zu der Wendigkeit und Beziehungsfähigkeit verhilft, die es benötigt. Durch figurativen Gestaltwandel wird Virtuosität funktional und trägt zur Profilierung der die Form tragenden Akteure bei. Die Funktionen von Virtuosität sind in den verschiedenen Sätzen der Konzerte von Chopin je unterschiedlich. In der «Konzerthauptsatzform» der Kopfsätze ist virtuose Figuration und Variation ein Mittel zur Profilierung des solistischen *concerto agents*. Die langsamen Mittelsätze, expressive Zentren beider Konzerte, sind Übertragungen von Opernkantabilität auf das Klavier nach dem Vorbild der Nocturnes. Instrumentale Figurationen fungieren in diesen Sätzen als Analogon der vokalen Verzierungen und suchen diese durch idiomatische Anstrengungen zu überbieten. In den Finalsätzen schließlich produziert figurative Arbeit Spielwerk, in dem Differenzen von Gestalten, Tonarten und Texturen verwirbelt und aufgelöst werden. Virtuose Figurationen bringen alles Gestalthafte auf den Indifferenzpunkt von Skalen und Akkordzerlegungen.

Die Klavierkonzerte op. 21 und op. 11 dienten dem zwanzigjährigen Komponisten in Warschau, Wien und Paris als klingende Visitenkarte. Deutlich tragen sie Spuren des Frühwerks und stehen in Form und Stil den Vorgängern Hummel, Field oder Kalkbrenner hörbar nahe. Chopin hat die beiden Konzerte mit Orchester, begleitet von einem Quintett und auch solistisch gespielt. Er hat sie in seinem Klavierunterricht in späteren Jahren immer wieder verwendet. Offenbar betrachtete er die Qualitäten dieser Musik auch in der Rückschau nicht als veraltet und durch spätere Entwicklungen nicht als überholt.

* * *

Das konzertante Rollen-Geschehen im Kopfsatz des Konzerts f-Moll **op. 21** lässt sich auf eine kurze Formel bringen: Der Solist meldet seinen Führungsanspruch mit einem Gewaltstreich an und gewinnt im Verlauf des Satzes die Diskurshoheit, weil er sich als wendiger und stärker prozessorientiert erweist. Die Flexibilität des Einzelnen siegt über den vergleichsweise statischen und schwerfälligen Aplomb des Kollektivs.

Der Sieg des Solisten beruht erstens auf entschlossenem Zugriff auf Disposition und Deutung der Themen. Bereits in der Präsentation der Themen im Eröffnungsritornell ist die Möglichkeit der Umdeutung angelegt, von der aber erst der Solist energisch und phantasievoll Gebrauch macht, in der Soloexposition und in der Reprise. Wie es sich mit den Themen verhält, erfahren die Zuhörer nicht zu Beginn vom Orchester, sondern im Verlauf des Stücks, vor allem in der Reprise, vom Solisten. So bekommt der Satz durch das kompetitive Rollenspiel der *concerto agents* eine formale Dynamik, die auf den Schluss zuläuft. Der Triumph des Solisten ist formbegründend.

Sein Sieg beruht zweitens auf der Komplexität pianistischer Figurationen, die unablässig in Verwandlung begriffen sind. Unvermutet klingen motivische Zusammenhänge an, oder die Figurationen werden kontrapunktisch komplex. Plötzlich zeigen sie melodische Qualität oder spannen einen riesigen Tonraum auf. Charaktere entstehen und verschwinden in raschestem Wechsel.

Der erste Auftritt des Solisten hat, was die Gestaltung des Hauptsatzes betrifft, den Charakter eines Gewaltstreichs. Im Eingangsritornell (T. 1–70) war der Hauptsatz gewissermaßen aus zwei Themen zusammengesetzt (T. 1–8, T. 9). Der Solist radikalisiert die Binnenspannung, indem er den ersten Achttakter durch eine *con forza*-Figuration im Nachsatz zusätzlich dramatisiert (T. 81) und mit einem kantablen zweiten Thema, einem neuen eigenständigen Gedanken, fortsetzt (T. 83, vgl. T. 31). Das neue solistische Ergänzungsthema steht in Substanzgemeinschaft zum Seitensatz. Dessen Eintritt (T. 125) ist deshalb, ungeachtet der neuen Tonart As-Dur, weniger ein eigenständiges Ereignis denn Auswirkung und Folge des internen Kontrasts im Hauptsatz. So wird das thematische Rückgrat des Satzes im ersten Solo-Abschnitt neu definiert. Die thematisch-harmonische Konstruktion bekommt eine Stringenz, die es im Ritornell nicht gab.

In der Reprise bleibt die Neigung des Solisten zum *coup de main* unvermindert. Er sattelt sogar noch drauf und spitzt die thematischen Verhältnisse weiter zu. Das erste Thema wird auf vier Takte reduziert (T. 269), und zur Fortsetzung des Hauptsatzes wird unmittelbar der Seitensatz angeschlossen (T. 273). Die thematischen Verhältnisse, wie sie vom Orchester im Eingangsritornell präsentiert worden waren, sind auf den Kopf gestellt. So erweisen sich Rolle, Rollenspiel und wechselnde Dominanz in der Interaktion als grundlegend für das musikalische Geschehen. Die Musik ist «histrionischer» Natur, nicht primär «ästhetisch» (Zimmermann 1989).

Der Geländegewinn, den der Solist durch Hand- und Gewaltstreiche erlangt hat, muss (um im militärischen Bild zu bleiben) nachhaltig gemacht und gesichert werden. Der Anspruch auf Diskurshoheit, den der Solist durch Interventionen im thematischen Feld angemeldet hat, wird durch figurative Arbeit eingelöst und legitimiert. In den «Spielepisoden» der Takte 101 ff., 151 ff. und 301 ff. (Rink 1997, 46) ergießen Figurationen sich wie aus einem Füllhorn in einer Menge und Vielfalt, die es so in kaum einem anderen Werk Chopins gibt.

Daraus ergibt sich eine Inversion der Mittel-Zweck-Relation von Darstellungsmittel und formaler Funktion. Virtuose Figuration ist zwar Mittel zum formalen Zweck, doch umgekehrt bringt erst die spezifische Situation konzertanten Rollenspiels das Figurative zu voller Entfaltung (vgl. Kapitel IV.1). In anderen Gattungen der Klaviermusik Chopins ist figuratives Komponieren in Dienst genommen und strukturell gebändigt. Hier, im f-Moll-Konzert, ist die Figuration funktional in dem Maße, wie sie frei ist. Auf diese Besonderheit zielt Donald Francis Toveys Satz zu dem Konzert: «its style is the perfection of ornament» (Tovey 1936, 103).

Exemplarisch tritt die figurative Abundanz in den Abschnitten vor und nach dem Eintritt des Seitensatzes hervor. In T. 101, 105, 117 werden durch eine Figur, die in eng verwandten Varianten erkennbar identisch bleibt, nacheinander ganz unterschiedliche musikalische Situationen realisiert. Zunächst handelt es sich um eine pianistisch idiomatische Konfiguration, und im Vordergrund steht der intervallische Gehalt (T. 101, Terzenfolge, aufgebrochen durch größere Intervalle). Im nächsten Schritt wird daraus ein komplexer Satz, der die latente Mehrstimmigkeit der Figur zum polyphonen Geflecht auskristallisiert (T. 105). Schließlich mutieren die figurierenden Sechzehntel zur melodischen Gegenstimme (T. 117 *legatissimo*). Alle drei Varianten, die satztechnisch und im Ausdrucksgehalt stark kontrastieren, sind Bestandteil derselben großen figurativen Bewegung und werden durch minimale Veränderung aus der beibehaltenen Figur gewonnen. Dasselbe figurative Element zeigt sich kaleidoskopisch als an sich verschieden.

In T. 151f. wird ein Zweitakter, dessen interne Differenzierung auf der Verknüpfung kontrastierender Textur- und Bewegungstypen beruht, zum Ausgangspunkt einer Entwicklung, in der sich die Komplexität des Figurativen nicht nur diachron, im raschen Wechsel differenter Zustandsformen zeigt, sondern auch synchron, in satztechnischer Differenzierung. Immer wieder nähert der Satz sich dem Kontrapunktischen an. Immer wieder auch wechselt der Satz zwischen T. 151 und T. 181 von linearer zu vertikaler Figuration, von melodischer zu harmonischer Bindung, von Registerinszenierung zwecks klanglichem Raffinement zu Mehrstimmigkeit, von unspezifischer Klangzerlegung zu individualisierten Stimmen (vgl. Kapitel IV.1).

Dem Kopfsatz des Konzerts e-Moll **op. 11** liegt, so beklagt Tovey, der am f-Moll-Konzert so vieles zu loben weiß, ein tonaler Grundriss zugrunde, der «suicidal» sei (Tovey 1936, 103). Die tonale Anlage des Satzes liefert kein formkonstituierendes harmonisches Gefälle. Der Seitensatz erscheint in der Dur-Variante (T. 61, T. 222). Erst in der Reprise, dort, wo es eigentlich um «harmonische Einrichtung» gehen müsste, wird er in die parallele Durtonart G-Dur versetzt (T. 573).

Das Fehlen eines kräftigen harmonisch-thematischen Rückgrats der Form hat erstens zur Konsequenz, dass Grundpfeiler der formalen Organisation auf figurative Weise begründet werden können. So hat in der Exposition des Solisten der Seitensatz, der wie im Ritornell in der Dur-Variante erscheint, größeres Gewicht, weil er eine neue, gleichsam «fester gefügte» Begleitfiguration besitzt als der Hauptsatz mit seinen gleichförmigen Repetitionen. Die formale Funktion des Seitensatzes wird deutlich, aber sie wird nicht durch harmonische, sondern durch figurative Differenz erzeugt.

Das Fehlen eines Tonartenplans, der von sich aus eine formale Dynamik zu begründen vermöchte, führt vor allem aber dazu, dass der Kopfsatz des Konzerts op. 11 zur Gänze durch eine Logik von Auslenkung und Rückstellung beherrscht wird.

Die Auslenkungen aus dem Nullzustand e-Moll sind stets unmotiviert. So hat der Seitensatz (T. 61) Ton und Charakter einer interpolierten Episode, nicht eines thematischen Ereignisses mit Diskursqualität, weil der Übergang nach E-Dur im Eingangsritornell anlasslos geschieht (T. 55). Wesentlich ist immer der Rückweg nach e-Moll, die Rückstellung der Auslenkung. Die Rückstellung wird vom Komponisten stets mit Ausrufezeichen versehen, im Ritornell nach dem Ausflug nach E-Dur durch *Fortissimo*-Ausbrüche eines C-Dur-Klangs (T. 99, T. 111).

Besonders verblüffend und durch keinerlei Vorgeschichte legitimiert, vielmehr nur als willkürliche Auslenkung zu begreifen, die einen Vorgang der Rückstellung in die e-Moll-Nullposition notwendig macht und motiviert, ist die Modulation nach C-Dur in T. 378 ff. Die harmonische Wendung löst eine solistische Partie aus, die den Charakter einer Durchführung hat und auf den triumphalen Wiedereintritt der Grundtonart, verbunden mit dem Auftritt des Hauptthemas, vulgo: auf die Reprise, zielt (T. 486).

Der tonale Kontrast, den der Seitensatz in der Reprise setzt (T. 573 G-Dur), kommt nach den Kriterien klassischer Form zu spät, mehr noch: zur Unzeit. Doch innerhalb einer Logik von willkürlicher Auslenkung und zwangsläufiger Rückstellung, auf der der Satz beruht, erfüllt der Verstoß gegen die formalen Üblichkeiten eine wesentliche formale Funktion. Die drastische lokale Auslenkung schafft Gelegenheit, dem Satz einen überzeugenden Schluss in der Grundtonart zu geben. Durch das lokale Erfordernis, die Achse e-Moll zu stabilisieren, wird ein strategischer Gewinn für den Satz als ganzen erzielt (vgl. auch das Ende der Durchführung T. 486).

Die Finalwirkung beruht ganz wesentlich auf dem belebenden Moment einer Figur aus Triller und Registerwechsel (T. 621 l. H., vgl. T. 557). Sie ist einer durchlaufenden Sechzehntelbewegung unterlegt, in der motivische Reste (Sextsprung aufwärts, zwei Sekunden abwärts) figurativ verwirbelt werden. Der Einsatz des Schlussritornells erfolgt trugschlüssig (T. 671). So trägt auch das Orchester zur Finalwirkung bei – ein letztes Mal wird der C-Dur-Dreiklang in massiver Instrumentierung herausgestellt.

4 Manieristische Dekonstruktion klassischer Modelle: Sonaten

Seine Antwort auf die Herausforderungen der klassischen Sonatenform gibt Chopin in Balladen, Scherzi, Préludes. Es ist gerade nicht primär die Komposition von Sonaten, in denen er die Grundlagen der Sonatenkomposition reflektiert, d.h. die technischen und ästhetischen Prämissen einer Praxis des Ausgleichs und der Vermittlung von Detail und Ganzem, von Thema und Prozess. Die Auseinandersetzung mit den Standards des klassischen Komponierens führen ihn – nicht anders als Robert Schumann – zu neuartigen formalen Lösungen. So spaltet sich durch das Komponieren der Generation 1810 die autoritative Einheit der Gattung Sonate, der Leitgattung musikalischer Rationalität, in eine Frage oder einen Anspruch einerseits und den Modus der Lösung andererseits. In dem Maße wie die Sonaten-»Form» an Plausibilität verliert, tritt das Rationalitäts-»Problem» als eigentliche Kernfrage hervor.

Für Chopin wie für Schumann steht in ihrem Verhältnis zur Sonatenform die Differenz von Aufgabe und Lösung im Vordergrund. Die Sonatenform ist mehr Gegenstand als Prämisse der Komposition. Teilaspekte der Sonatenkomposition werden in dem Maße hervorgekehrt, wie das Vertrauen in ihre totalisierende Kraft geschwunden ist. Wenn die Generation 1810 Sonaten schreibt, dann stehen die eigenen Gegenentwürfe, die neuartigen großen Formen wie Chopins Balladen oder Schumanns *Humoreske* zwischen ihnen und den klassischen Vorbildern. Ihre Sonaten konstituieren insofern ein «Zweites Zeitalter der Klaviersonate». Es verhält sich zur Periode der klassischen Klaviersonate wie die Werke des «Zweiten Zeitalters der Sinfonie» zu den sinfonischen Werken Haydns, Mozarts, Beethovens, von denen sie durch das Erscheinen der Sinfonischen Dichtung getrennt sind (Dahlhaus 1980, 220).

In den Klaviersonaten des «Zweiten Zeitalters» wird der Umgang mit dem Klassischen manieristisch im Sinne von Curtius. Die Verfahren und Prämissen des klassischen Paradigmas werden aus dem ursprünglichen Zusammenhang technisch-ästhetischer Interdependenzen gelöst und eigenständig verhandelt. Das besondere Detail tritt aus dem Schutz des Allgemeinen heraus und radikalisiert sich zur je individuellen Einzellösung. Das Allgemeine auf der anderen Seite verliert den Schein normativer Geltung. Die manieristische Dekonstruktion des klassischen Paradigmas schließt an das Klassische an und gibt ihm zugleich eine nicht-klassische Wendung. So entsteht der von Dahlhaus formulierte Eindruck, Chopin habe die Sonatenform «eher von außen herbeizitiert als sich von innen heraus zu eigen [ge]macht» (*Gesammelte Schriften*, VI, 490).

Weil in den Sonaten des «Zweiten Zeitalters» Frage und Lösung des klassischen Modells auseinandertreten, verlangen sie auch eine gegenüber dem Muster der an Beethoven entwickelten Analyseverfahren veränderte Art der Werkbetrachtung. Analyse trifft einen solchen ästhetischen Gegenstand nicht durch Formanalyse unter der Prämisse der Stimmigkeit, sondern auf dem Wege der Formkritik: durch Fokussierung der je individuellen Aufgabenstellung, aus der die Dissoziierung des Klassischen entspringt.

Ansatzpunkte für eine Analyse, die als Formkritik verfährt, ergeben sich etwa daraus, dass Beziehungsreichtum auf der Ebene des Sonatenzyklus den Primat erlangt gegenüber der Ebene des einzelnen Satzes. Auch diskursive Prozesse, die innerhalb eines Sonatensatzes in sich abgeschlossene Gebilde hervorbringen, können als Symptome einer Krise der Form verstanden werden. Ebenso stellen Reprisen, in denen tonale Kontraste zugespitzt statt «eingerichtet» werden, manieristische Dysfunktionalitäten dar, weil sie die hierarchische Ordnung der Satzdimensionen außer Kraft setzen und die Rolle der thematisch-harmonischen Ebene als Rückgrat der Form relativieren.

***

Am Anfang der Sonate b-Moll **op. 35** stand der Trauermarsch. Er wurde 1837 geschrieben, die übrigen Sätze sind zwei Jahre später hinzugefügt. Durch die Bestimmtheit seines Charakters –

der Trauermarsch ist ein Topos der Musik der Französischen Revolution – bildet er das expressive Zentrum des Werks. Durch die Beziehung, in die er durch die nachkomponierten Sätze gezogen wird, avanciert der Trauermarsch auch strukturell und dramaturgisch zum Kernstück der Sonate. Der dritte Satz ist der erste und einzige, der zu tonaler Geschlossenheit gelangt und dem es gelingt, den Kontrast der thematischen Gestalten zu vermitteln. Ausgerechnet derjenige Satz also, der auf ein Modell zurückgeht, das ideell und politisch überdeterminiert und am stärksten konventionell geprägt ist, erlangt die Schlüsselstellung im individuellen kompositorischen Konzept dieser Sonate.

Gemeinsam ist den drei ersten Sätzen (*Grave – Doppio movimento*; Scherzo; *Marche funèbre*) ein starker interner Kontrast thematischer Charaktere, der in Scherzo und Trauermarsch als Kontrast zwischen Rahmenteil und Trio artikuliert wird, im Kopfsatz als Kontrast der Themen einer Sonatenform. In den beiden ersten Sätzen steht gestische Musik gegen sangliche, im dritten Satz der beharrende Duktus des Trauermarschs gegen kantables Fließen. Unüberhörbar sind die kantablen Gestalten der drei Sätze über die Satzgrenzen hinweg miteinander verbunden. Sie stehen jeweils in Dur und gegen Anfangsteile, die aus Moll gehen. Die drei Sätze arbeiten an analogen Aufgabenstellungen.

Dem eröffnenden Sonatensatz fällt die wesentliche Aufgabe zu, aus äußeren Unterschieden funktionale Differenzen zu machen. Der Unterschied der Charaktere wird als thematische Differenz und der Unterschied der Tongeschlechter als formale Differenz artikuliert. Weil sie im Rahmen einer Sonatenform diskursiv entwickelt und nicht bloß konstatiert werden, können die beiden Unterschiede im Scherzo weiter vertieft und im Trauermarsch gelöst werden. Die Sonatenform dient nicht der Versöhnung von Widersprüchen, sondern ihrer Exposition.

Der die drei Sätze übergreifende Zusammenhang, der auf Analogie, auf der Arbeit an denselben Kontrasten beruht, wird unterfüttert durch sukzessive, motivische bzw. harmonische Zusammenhänge, die jeweils zwei aufeinander folgende Sätze verbinden.

Scherzo und Trauermarsch sind motivisch verknüpft. Die Triothemen der beiden Mittelsätze sind Varianten eines identischen diastematischen Gerüsts. Zwischen ihnen herrscht «Substanzgemeinschaft» (II, T. 85, und III, T. 31).

Die ersten beiden Sätze sind harmonisch analog disponiert, genauer: Der harmonische Plan des Kopfsatzes wirkt im Scherzo nach. Die Sonatenform des Kopfsatzes ist zweiteilig angelegt dergestalt, dass Durchführung und Reprise als Amplifikation der thematischen und harmonischen Verhältnisse der Exposition erscheinen. Dieser zweiteiligen Anlage wegen endet der Satz tonal mit einer breit ausgeführten Dur-Variante. Denn der Seitensatz, der in der Exposition in Des-Dur stand, erklingt in der Reprise in B-Dur, und in dieser Tonart schließt der ganze Satz.

Auch das Scherzo, das in es-Moll steht, endet in Dur, in der Paralleltonart Ges-Dur. Dass es sich um einen Nachhall des ersten Satzes handelt, erhellt aus der Art und Weise, wie die Abweichung vom tonalen Plan am Schluss des Scherzos zustande kommt. Das sequenzierend angelegte Scherzo-Thema, das zuvor nach Ges-Dur (II, 14 und 202), fis-Moll (II, 36 und 224) bzw. es-Moll (II, 79) geführt hatte, endet, entgegen den Erwartungen, in fis-Moll (II, 265). In der anschließenden Coda wird, beiläufig oder quasi-improvisatorisch, die Moll- gegen die Dur-Terz ausgetauscht (II, 269), und der Ges-Dur-Dreiklang bekommt die Stabilität und das Gewicht einer Tonika, indem er mit einer Reminiszenz des Trio-Themas besetzt wird.

Weil die beiden Kontraste in den beiden ersten Sätzen auf unterschiedliche Weise Störungen der formalen Balance hervorgerufen haben, wirkt die «natürliche Anordnung» der Charaktere und der Tongeschlechter in Rahmenteil und Trio der «Marche funèbre» wie eine Auflösung der Spannungen zuvor. Im Trauermarsch sind die beiden Differenzen immanent versöhnt und zugleich, seiner massiven topischen Qualität wegen, über die Immanenz hinausgetrieben. So verschaffen die nachkomponierten Sätze dem Trauermarsch eine *raison d'être* und bewahren ihn zugleich vor plakativer Selbstgenügsamkeit.

Ein Trauermarsch, der die historische, generationenübergreifende Erfahrung der Französischen Revolution beschwört und zugleich als Kraftzentrum großer instrumentaler Form dient, erzeugt ein Finalproblem. Die Lösung, die Chopin in op. 35 findet, ähnelt dem Verfahren, das Beethoven in seiner Klaviersonate op. 26 entwickelt. In beiden Finali wird nach dem Ausnahmefall der *Marcia funebre* die Rückkehr zum musiksprachlichen Normalfall vermieden. Nicht thematische Gestalten, sondern Figuren beherrschen das Bild. Das Tempo ist hoch. Prägend ist die Dramaturgie des «Wegspielens» (Nägeli, *Vorlesungen über Musik*, Stuttgart 1826, 32f.). Chopin wie Beethoven setzen – historisch unterschiedliche – Formen pianistischer Virtuosität ein, um aus einem Zustand höchster musikalischer und ideengeschichtlicher Aufladung in die Welt des Klingens und Tönens zurückzufinden.

Zur Lösung der schwierigen Aufgabe, den Trauermarsch kompositorisch zu «relativieren», ohne ihn seiner Einzigartigkeit zu berauben, trägt auch die Art und Weise bei, mit der das Finale an den langsamen Satz anschließt. Chopin nutzt ein einzelnes Intervall, um einen Kontrast von äußerster Schärfe zu erzeugen. Die kleine Sekunde f-ges (F-Ges), die den Trauermarsch durchzog, wird im Finale durch die große Sekund f-g (F-G) ersetzt. Die Substitution wirkt, weil ohne «höhere» Legitimierung, gewaltsam. Der Trauermarsch wird, nachdem er bereits abgeschlossen ist, durch den Einsatz des finalen f-g ein weiteres Mal beendet und stillgestellt. Er wird endgültig zurückgelassen.

Der von Joachim Kaiser formulierte Eindruck, der Schlusssatz der Sonate h-Moll **op. 58** sei das «großartigste und pianistisch reichste aller Chopin-Finali, wenn nicht sogar aller Sonaten-Finali des 19. Jahrhunderts» (*Musik-Konzepte* 1985, 16), rührt daher, dass in diesem Satz Spannungen zum Platzen gebracht werden, die sämtliche vorangegangenen Sätze durchziehen und deren Ursprung im Kopfsatz liegt. «Schuld» ist der Seitensatz des *Allegro maestoso*, ein Nocturne. Auch in op. 58 wird die diskursive Sonatenform im ersten Satz dazu benutzt, formkonstituierende Widersprüche zu artikulieren. Doch erst im Rückblick vom Finale mit seinem *ad nauseam* wiederholten Wechselspiel von Moll-Tarantella und Dur-Maestoso ist wahrzunehmen, dass das Moll-Geschlecht bis dahin nicht einfach abwesend, sondern verdrängt und marginalisiert war. Erst im Finale erlangt h-Moll den Status einer Grundtonart.

Der Kopfsatz (*Allegro maestoso*) beginnt mit einem Prozess von extremer Dichte und Komplexität. Sämtliche Erfordernisse klassischer Syntax, Form und Integration werden erfüllt. Das Hauptthema selbst ist periodisch angelegt. Die abrupt, durch eine Zwischendominante angeschlossene Überleitung versetzt den Vordersatz nach e-Moll (T. 9–12) dergestalt, dass die Grundtonart nun durch Ober- und Unterquint eingerahmt ist. Am Scheitelpunkt einer Sequenz tritt das Strukturintervall b"-a" bzw. b'-a' (T. 17–18) hervor, das im Folgenden auf unterschiedlichste Weise mehrfach erscheint (T. 22, 23–28, 34–37), bevor es in T. 40 der in D-Dur leitereigenen Folge h-a Platz macht und die Tonart des Seitensatzes ankündigt (T. 43–44, 47–48, 52–55).

Der Seitensatz ist ein Nocturne. Weil das ein Topos ist und weil innere Differenzierung und Vielgestaltigkeit genutzt wird, um den Seitensatz gegen die Umgebung abzuschotten (T. 41 «Bellini-Melodie»; T. 56 figurative Verwandlungen, durchführungsartig; T. 76 Rückkehr zur einheitlichen Faktur, kadenzierend), wird er zum Fremdkörper und inhibiert den diskursiven Prozess. Doch dasselbe Nocturne, das in der Exposition ein «Störfaktor» des Sonatenprozesses war, wird in der Reprise zum Pfeiler der formalen Architektur. Im Rahmen einer sog. «verkürzten» Sonatenhauptsatzform trägt es den finalen Ausgleich der thematischen und harmonischen Differenzen aus der Exposition, während der Hauptsatz sich in der Durchführung als Gestalt im Motivisch-Strukturellen auflöst.

Indem der Nocturne-Topos funktionaler Teil eines Diskurses wird und (in der Reprise) sogar um-funktioniert werden kann, gewinnt er Strahlkraft für die anderen Sätze der Sonate. Als Folge der Wirkung des Nocturne in der Reprise des Kopfsatzes tritt im Weiteren die mediantische Relation H-Dur – Es-Dur an die Stelle des terzquintbasierten Verhältnisses h-Moll – D-Dur (1. Satz h-Moll, H-Dur; 2. Satz Es-Dur, Trio H-Dur; 3. Satz H-Dur, Trio E-Dur; 4. Satz h-Moll, H-Dur).

In der tonalen Anlage des Finalsatzes wird diese harmonische

Vorgeschichte in Szene gesetzt und dramatisiert. Die musikalische Erzählung entfaltet sich in drei Durchgängen. Jeder Durchgang enthält die beiden Themen, die beiden ersten Drittel zudem jeweils einen rückführenden Teil, der keine eigene Themengestalt bietet, aber durch eine sehr charakteristische kontrastierende Faktur einen weiteren Kontrast setzt. Dem Kontrast der Texturen korrespondiert der Tonartenplan, der innerhalb eines Gerüstes aus h-Moll, e-Moll (T. 100) und h-Moll (T. 207)/H-Dur (T. 254) sämtliche Tonarten, die in früheren Sätzen vorkamen, als Tonartenstationen neu interpretiert.

Weil die Tonart h-Moll erst im Finale Grundtonart wird, markiert die abschließende Transformation nach Dur (T. 258) eine Zäsur, keine Konsequenz oder friedliche Folge. Die Themenpartikel, die *con bravura* und *ff* einbrechen, verweisen auf den Kopf des Hauptthemas aus dem Kopfsatz zurück: Die Macht des Dur-Geschlechts hat nun auch den Kern der Moll-Welt durchdrungen.

Die Sonate **op. 4** ist frei von Zügen eines manieristischen Dekonstruktivismus, der die beiden späteren Beiträge zur Gattung prägt. Wie in den berühmteren Geschwisterwerken aber sind die Mittelsätze in Erfindung und Ausarbeitung von besonderer Eindrücklichkeit. Aus dem Nachdruck, der auf den Mittelsätzen liegt, resultieren, wie in op. 35 und op. 58, die Aufgabenstellung für das Finale und Konsequenzen auch für den Kopfsatz. Vor allem aber zeigt sich in diesem Umstand, dass Chopins Aufmerksamkeit in der Beschäftigung mit der Gattung durchweg auf dem Sonatenzyklus liegt und weniger auf der Sonatenhauptsatzform, die als Leitform des klassischen Sonatentypus auch Lieblingsgegenstand der Institution Analyse ist.

Als Tanzsatz im Sonatenzyklus ein *Menuetto* zu schreiben, mag – nach dem historischen Siegeszug des Scherzo – bieder und altväterisch anmuten. Doch der imitierende Beginn des Menuetts wie seines Trios, die plötzliche Öffnung zur Welt des Walzers im Mittelteil des gemächlichen Menuetts oder die Annäherung an walzerhaften Schwung und den heroischen Gestus einer Polonaise im Trio belegen die innere Beweglichkeit dieser Musik.

Der dritte Satz (*Larghetto*) ist ein Nocturne. Die Nähe zur Welt der italienischen Oper offenbart sich im zweiten Abschnitt des Satzes, wenn das akkordische Grundgerüst mit Fiorituren ausgeschmückt wird. Dabei wirken die melodischen Verzierungen zurück auf die metrische Deutung des zugrunde liegenden 5/4-Takts, der bald aus halber und punktierter halber Note (2 + 3 = 5), bald umgekehrt aus punktierter Halber und einfacher Halber (3 + 2 = 5) zusammengesetzt wird. Es entsteht eine Musik von großer Freiheit der Bewegung, deren Grundschläge unterschiedlich lang sind (Halbe oder punktierte Halbe) und sich zu Gruppierungen unterschiedlicher Art zusammenschließen.

IV Figuratives Komponieren und Symptome der Moderne

1 Gattungen figurativen Komponierens: Variationen, Impromptus, Berceuse, Barcarolle

Figurative Verfahren bestimmen Chopins Komponieren gattungsübergreifend. Thematisch wird das figurative Komponieren bei Chopin in vier Hauptformen. (1) Der Quellgrund des Figurierens, der im Bereich der Improvisation liegt, tritt in den Gattungen virtuoser Performanz zutage, vorzüglich in Variationen und in Solo-Konzerten, Schlüsselwerken der Zeit um 1830 (vgl. Kapitel III.3). (2) In der Experimentalgattung der Impromptus werden die Spezifika des Figurierens, die auf Materialität des Klangs und des Instruments gerichtet sind, einseitig und ohne Rücksicht auf formale Integration oder Dämpfung zum Prinzip erhoben. (3) Umgekehrt werden in den Scherzi die formbildenden Möglichkeiten des figurativen Komponierens ausgelotet (vgl. Kapitel III.2). In den Gattungen Impromptus und Scherzi vollzieht sich der Übergang zum Komponieren der 1840er Jahre. (4) Zu voller Entfaltung gelangt das Potential des Figurativen in einer Gruppe von Werken der letzten Jahre, aus der die *Berceuse* op. 57 und die *Barcarolle* op. 60 hervorragen.

Die vier Erscheinungsformen figurativen Komponierens entsprechen den Phasen von Chopins Entwicklung als Komponist. Der Weg führt von Werken, die an formale Konventionen gebunden sind und die Usancen des Virtuosenbetriebs widerspiegeln, über die Radikalität der Impromptus und die große Form der Scherzi hin zu einer individualisierten Variantenkunst, von der aus sich Entwicklungslinien einer Geschichte des figurativen Komponierens ziehen lassen, die bis zu Boulez' *Sur incises* reichen.

Figuratives Komponieren ist aber auch das Medium, in dem Chopin seine intensive und andauernde Beschäftigung mit der Musik Johann Sebastian Bachs für das eigene Komponieren fruchtbar macht. Weil Chopins Blick am Paradigma des Figurativen geschult und geschärft ist, kann er von Bach die Kunst lernen, mannigfache Übergänge und Zwischenformen zu schaffen zwischen den Polen eines homophonen und eines polyphonen Satzes. Der Bach, dem Chopins Interesse gilt, ist nicht ausschließlich Fugen-Komponist, sondern Schöpfer einer großen Vielfalt satztechnischer Zustandsformen, die durch kontrapunktisches Denken auch dort geprägt sind, wo auf der Oberfläche eine harmonische Progression oder die Außenstimmen dominieren. Chopins Bach-Rezeption hat ihre Pointe darin, barocke Strukturen durch Integration in das figurative Komponieren zu verallgemeinern.

***

In den *Variationen über «Là ci darem la mano»* **op. 2** ist die figurative Schreibweise eingebunden in den Rahmen eines festen Formvorwurfs. Figurative Differenzen dienen dazu, virtuose Variationen gegeneinander abzusetzen und sie zugleich miteinander sowie mit dem Thema auf vielschichtige Weise in Beziehung zu bringen.

Chopins Komposition, von Robert Schumann 1831 als Werk eines Genies gefeiert (Schumann 1854, I, 3–7), besteht aus einer ausgedehnten Einleitung, gefolgt von der Darstellung des Themas, fünf Variationen und einem abschließenden *Alla Polacca*, in dem verschiedene der zuvor benutzten variativen Verfahren aufgenommen werden. Die Anlage entspricht dem Modell, das von Weber u. a. her bekannt ist, und auch im Detail folgt das Werk der Konvention der Gattung, deren Funktion traditionell darin bestand, pianistischer Virtuosität als Schauplatz und Rahmen zu dienen. Jede Variation hat ein eigenes Gepräge dadurch, dass jeweils ein eigenes satztechnisches Modell etüdenartig durchgeführt wird.

Die besondere Qualität, durch die Chopins op. 2 sich von vergleichbaren Kompositionen des Typs Thema mit Variationen unterscheidet und selbst über Weber hinausgeht, liegt in der scharfen Konturierung und Charakteristik der einzelnen Variation. Das quantitative Prinzip der Überbietung schlägt um in das qualitative Prinzip ständiger Verwandlung. Virtuose Steigerung wird selbst Quell musikalischer Charakteristik. Dass die Folge und die Konfiguration der Variationen gleichwohl einen Zusammenhang bilden, liegt an verwandtschaftlichen Beziehungen zwischen den eingesetzten Figurationen.

Die ersten beiden Paare von Variationen sind ganz durch instrumentale Aufgabenstellungen bestimmt, kulminierend in einer spektakulären Sprungetüde (Variation 4, *con bravura*). Variation 5 setzt den schärfsten Kontrast, nicht nur in Tempo und Tonart, sondern vor allem dadurch, dass auf das Modell vokaler Selbstdarstellung aus der Oper zurückgegriffen wird. So bildet sie mit der finalen *Polacca* ein drittes Variationenpaar, in dem nicht instrumentale Virtuosität ausgestellt wird, die Musik vielmehr ausdrucksvoll ist durch Nachahmung präexistierender Modelle. Die Gesamtform wird zusammengehalten von einem System figurativer Varianten, durch das ein parataktisches Nebeneinander funktionale Differenzierung erfährt.

Die vier Impromptus **op. 29, 36, 51, posth. 66**, entstanden zwischen 1835 und 1842, bilden eine eigenständige Gattung, weil sie kompositorische Etüden über das Verhältnis von klanglicher Einheit und Verwandlung von Texturen sind. In den Impromptus wird Figuration pur verhandelt. Um der Konzentration auf die experimentelle Aufgabe willen nimmt Chopin Schematismen in Kauf, die der Gattung gelegentlich zum Vorwurf gemacht wurden.

Aus der konsequent experimentellen Ausrichtung der Gattung entsteht ihre Nähe zur Moderne. Impromptu ist «ein anderes Wort für das Genie der beschwingten Freiheit und der Improvisation», und Chopin ist «der erste moderne Mensch. Chopin ist unsere Moderne (modernité)» (Jankélévitch 1988, 274 und 285). Zu den hervorstechenden Symptomen von Modernität zählt Jankélévitch: die Emanzipation der linken Hand; die Aufwertung des Laufwerks im Sinne des «beseelten Laufs» (Maurice Ravel); generell eine Steigerung der «Feinheit der Fingeraktivität», Abbild der menschlichen Zivilisation, so dass die 32-tel-Girlanden im Impromptu op. 36 (T. 82–100) zur «lebendigen Darstellung unserer Freiheit» werden; schließlich eine klangliche Fülle, die aus der Nutzung des gesamten Tonraums und der Obertonverhältnisse entsteht (Jankélévitch 1988, 286 passim).

> Chopin ist modern durch den wunderbaren Sinn für Klanglichkeit, der ihn auszeichnet: harmonische Sinnlichkeit, Sinn für die schwingende Materie, kühne Dissonanz, wie in der überraschenden Wendung im zweiten Impromptu [sc. op. 36, T. 59–60], bis zum wollüstigen Vergnügen der Hand, die das glatte Elfenbein der Tasten liebkost – Chopin war der erste, der diese Köstlichkeiten erfahren hat. (Jankélévitch 1988, 290)

Mit dem op. 51 beginnt die Geschichte der Gattung im engeren Sinn. **Op. posth. 66** trägt zwar die Bezeichnung Impromptu (der Zusatz «Fantaisie» geht nicht auf Chopin zurück). Doch ist das Werk noch weitestgehend einer konventionellen Hierarchie von Tonsatz, Form und Satztechnik verpflichtet.

Das Impromptu **op. 51** zeigt die Wunder satztechnischer Beweglichkeit und Verwandlungsfähigkeit, die Chopin in der Gattung durchweg zu kultivieren sucht. Innerhalb von nicht mehr als acht Takten wird eine Arabeske in einen differenzierten Außenstimmensatz überführt. Die Girlande, mit der das Impromptu beginnt, steht jenseits der Unterscheidung von Linearität, Mehrstimmigkeit und harmonischen Implikationen. Wechselnoten, Skalenausschnitte, durch Registerwechsel aufgebrochen, sind alles, was man zu hören bekommt. Die entscheidenden Impulse, die aus dieser Indifferenz des Amorphen heraus und zur Gestaltbildung führen, gehen von Mittelstimmen aus (T. 3–5: ges'-f'-es' und T. 6–8: d'-es'-des'-c'-ces'-b).

Auch der umgekehrte Weg, vom Gestalthaften in die Ungeschiedenheit des Nur-Figurativen, wird beschritten. Die Klärung der Hierarchie des Satzes währt nur drei Takte (T. 8–10). Dann fällt die Musik mithilfe wuchernder Begleitstimmen (T. 11–15) zurück in den weniger deutlichen Zustand und den bescheidenen Grad von Ausdifferenzierung und Artikuliertheit, der in T. 3–7 erreicht war.

Sein Maximum gewinnt das Ringen um gestalthafte Profilierung und Klärung im es-Moll-Mittelteil des Stücks in einer

Melodie, die 25 Takte ununterbrochen tönt (T. 49–74). Dieses Wunder an melodischer Hartnäckigkeit und Identität spielt sich in der linken Hand ab, nicht in der Oberstimme, die in diesem Impromptu Schauplatz und Gegenstand der größten Gefährdung ist und durch Figurationen immer wieder an der Erfüllung ihrer sozusagen natürlichen Aufgabe, melodische Gestalt auszubilden, gehindert wird. Im Mittelteil stellt sie ihre figurierenden Fähigkeiten unterstützend ganz in den Dienst der melodieführenden Unterstimme.

Radikaler noch handhabt Chopin die Verselbständigung figurativer Prozesse im Impromptu Fis-Dur **op. 36**. Die beiden Hälften, aus denen das Stück besteht, sind verbunden durch Scharniertakte, in denen das Hören gründlich desorientiert wird und die sich gebräuchlichen Verfahren technischer Analyse entziehen (T. 59–60). Sie stehen nicht bloß für Chopins Tendenz zur «kühnen Dissonanz» (Jankélévitch). Es handelt sich um einen Fall von Dissoziation des Satzes, wie sie üblicherweise Jahrzehnte später erst begegnet und typisch ist für die Epoche der Musikalischen Moderne und ihren manieristisch übertreibenden Umgang mit den Grundlagen klassischen Komponierens.

In der Oberstimme wird zweimal das Motiv antizipiert (T. 59, 60), das die folgende Wiederkehr des Hauptthemas in F eröffnet (T. 61). Im Bass setzt sich die chromatische Linie von T. 58 fort und leitet in das C in T. 61. Und auch die Mittelstimmen sind eng mit dem Folgenden verbunden, indem das gis (T. 59) zum a (T. 61) geht und der Sekundfall e'-d' (T. 59) über es'-des' (T. 60) zum d'-c' (T. 60) geführt wird. Dichter kann eine tonsetzerische Verbindung kaum gestaltet sein; kein Ton in den beiden Scharniertakten ist «frei». Und doch fügen sich die Komponenten nicht zu gemeinsamer Bedeutung. Sie interagieren nicht und schließen sich nicht zu gemeinsamer harmonischer Bedeutung zusammen. Weil ohne strukturierende und motivierende Wirkung auf den Fortgang der Ereignisse des Stücks, stehen sie außerhalb der musikalischen Zeit.

Die beiden Hälften der Form, die in diesem exterritorialen Gebilde, in einer Zone, die sich außerhalb des Geltungsbereichs strukturierter musikalischer Zeit befindet, aneinanderstoßen und weder verbunden noch getrennt sind, unterscheiden sich grundlegend voneinander. In der ersten Hälfte des Stücks wird ein dichter variativer Prozess, der teils kontrapunktisch, durch Hinzutreten neuer Stimmen funktioniert (T. 1/T. 7), teils motivisch begründet ist (T. 15–16, T. 9–10 bzw. T. 3–4, T. 27–28 jeweils Oberstimme), durch figurative Exkurse und extreme Texturbrüche markiert (T. 17, T. 29), zäsuriert (T. 30) und schließlich unterbrochen (T. 39). Der sorgfältig auskonstruierten, kontinuierlichen Entfaltung eines formelhaften Ausgangsgebildes (T. 1–6) werden an syntaktischen Knotenpunkten figurative Lichter aufgesetzt (T. 17, T. 29). In den figurativen Interventionen in den variativen Prozess sind Funktionserfüllung und a-funktionale Entfaltung von Klang verwoben. So dient auch der erste Texturwechsel (T. 30) zunächst der klanglichen Realisierung eines harmonisch-syntaktischen Zwecks, nämlich der Fixierung des Dominantseptakkords zur Finalis Fis. Doch das Darstellungsmittel verselbständigt sich und bewirkt, obwohl der variative Prozess fortdauert, eine temporäre Sistierung der musikalischen Aktion. Über insgesamt fünf Oktaven wird der Ton cis in einem stehenden, durch Repetitionen gerasterten Klang ausgespannt, vom Cis$_1$ bis zum cis’’’.

Im zweiten Teil des Impromptus geht der variative Prozess weiter. Zustandsformen der Textur dienen nun aber nicht länger dazu, anderweitig gesicherte Kontinuität aufzubrechen. Textur wird vielmehr selbst zum Medium, in dem Fortgang und Zusammenhang gründen. Eine erste Variante des Hauptthemas, in der ein hierarchisch angelegter Tonsatz durch innere Bewegung des Begleitsystems Belebung erfährt (T. 61), wird gefolgt von einer Variante, die einen komplexeren Texturtyp benutzt, typisch für die Gattung Impromptu (T. 72, vgl. op. 29, T. 1, und op. 51, T. 3). In dieser Variante sind funktional eindeutige Zuordnung durch Ambivalenzen von Klang und Funktion, von Harmonie und Stimme ersetzt.

Die Folge von Varianten, in denen Klang unter dem Einfluss sich wandelnder Texturen zunehmend Autonomie gewinnt, kulminiert in T. 82, in einem finalen Triumph des figurativen Prinzips.

Die *Berceuse* **op. 57** trug, bevor sie ihren definitiven Titel bekam, die Überschrift «Varianten». Chopin ersetzte den kompositionstechnischen Begriff durch den Hinweis auf einen Bewegungs-Topos, der die Erwartung der Zuhörer disponiert und konventionelle Vorprägungen von Taktart und Tempo bis zu typischen melodischen oder harmonischen Wendungen umfasst.

Die reale Grundbewegung, die durch eine Berceuse bezeichnet und repräsentiert wird, ist gleichförmig. Einem Kind wird durch wiegende Bewegung geholfen, die angstmachende Schwelle zwischen Wachen und Schlafen zu passieren. Die äußere Gleichförmigkeit der Bewegung soll helfen, die Irritationen des Dazwischen-Seins und das Schwinden des Bewusstseins auszuhalten.

Die komponierte Berceuse bildet die Grundbewegung nach, indem sie Auslenkungen, Störungen und Gefährdungen in den gleichförmigen Grundzustand zurückführt. Eine Berceuse besteht aus Äußerungsformen einer Rückstellkraft. Denn nur durch feine Auslenkungen ist der Grundzustand wirksam und wirklich. So entstehen «Varianten».

Chopins *Berceuse* liegt ein eintaktiges Bassmodell und ein vier Takte umfassendes Melodiemodell zugrunde. Beide sind schlicht und direkt verständlich, bei näherer Betrachtung aber in sich mehrdeutig und insofern instabil.

Im Bassmodell (T. 1) gibt es eine latente Konkurrenz der Töne Des und as, einen internen Widerstreit der Tonbeziehungen, wie sie im Grundsatz in jeder Kadenz walten. Der Basston Des ist das physische Klangfundament; dessen Quintton as will sich selbst als eigenständiger Bezugston behaupten; an dem Terzton f' wird der Widerstreit der beiden Attraktionszentren hörbar. Die Unterscheidung von Klanggrund, Referenzton und Tönen, die sich in den konkurrierenden wie komplementären Kraftfeldern bewegen, bildet die Grundlage für spätere Divergenzen und Deviationen.

Das Melodiemodell (T. 3–6) ist durch einen kohärenzstiftenden Sekundgang integriert (f''-es''-des''; b''-as''-ges''-f''-es''), wird immer wieder aber durch eine Quartzelle (T. 3 f''-es''-as''; T. 4 b'-c''-es''; T. 5 as'-des'') und eine Dreiklangsstruktur destabilisiert (T. 4 f''-des''-b'; T. 5 es''-ges''-b'').

Die beiden Modelle mit ihrer latenten Instabilität sind Ausgangspunkt und Basis für die wuchernde Ausbreitung von Varianten, in denen Potentiale an die Oberfläche treten. Varianten dienen der figurativen Exegese der Modelle. Die Entstehung und Ausbreitung der Varianten geschieht im Wesentlichen auf zwei Wegen: erstens durch Amplifikation und Explikation von Möglichkeiten und Details, die in den Ausgangsmodellen unscheinbar, bloß angedeutet oder verborgen waren, zweitens durch eine unvorhergesehene Wendung, ein *imprévu*, das nicht auf zuvor Gehörtes zurückgeführt werden kann, doch durch sein spontanes Auftreten eine Kette von Folgen anstößt. Durch beide Arten von Auslenkung wird die Rückstellkraft, die identifizierende Kraft der identischen Modelle aktiviert. Besonders offensichtlich wird diese Kraft geweckt durch das *imprévu*.

Chopin beginnt den Prozess der Variantenbildung in der *Berceuse* mit einer kontrapunktischen Ausarbeitung, in der die latente Zweistimmigkeit des Beginns real mehrstimmig und explizit gemacht wird. Ein neuer Spitzenton (T. 10 des''') ermöglicht die Dehnung des Abstiegs zum Grundton über das Ende des melodischen Modells in den Beginn eines neuen Durchgangs hinein (T. 10–12). In den Takten 13–14 löst sich die neue Mittelstimme vom rhythmischen Gleichmaß der Achtelbewegung. Sie wird selbständiger, auffälliger. Und so schließen sich die Takte 1–15 als Exposition des Bassmodells (T. 1–2), des Melodiemodells (T. 3–6) und ihrer kontrapunktischen Ausführung samt rhythmischer Beschleunigung sinnfällig zu einem komplexen Gesamtgebilde zusammen (T. 7–15), zu einem entwickelnden Abschnitt, der die Logik von Latenz und Manifestation vollzieht.

Zu dieser ersten Erscheinungs- und Bewegungsform figurativer Logik gesellt sich in T. 14–15 und T. 26–27 der Mechanismus des *imprévu*. Die figurativen Veränderungen, die in T. 15 und T. 27 eintreten, sind nicht vorbereitet oder vorsehbar, aber auch nicht in emphatischem Sinne neu. Im einen Fall (T. 14–15) bilden sich innerhalb des Stroms sich ständig wandelnder, horizontal wie vertikal differenzierender Figuration unvermutet satztechnische Zustände aus, die stilistisch extrem weit auseinanderliegen. Gelehrter, kontrapunktischer Stil schlägt um in virtuoses Klangspiel *à la Campanella*. Die melodischen Haupttöne stecken in den Vorschlägen, während die Liegestimme den Strukturton as zum Tönen bringt. Die zweite Überraschungsstelle (T. 27ff.) klingt, als habe sich eine exzentrische Variation aus einem Beethovenzyklus in das geglättete und ausgewogene Umfeld des Brillanten Stils verirrt.

Beide Überraschungseffekte lösen Folgen aus. Die Terz f"-as" (T. 15ff.) bildet den Ausgangspunkt für die folgenden Variationen, in denen mit den Mitteln akkordischer Figuration Einzeltöne und Intervalle fokussiert und analysiert werden (T. 19, 23, 27). Der Liegestimmen-Ton as/as", im Initium des in T. 19 beginnenden Durchgangs durch einen Triller markiert, wird vorübergehend so wichtig und autonom, dass er statt der Untersekund ges ein g samt Satellitentönen beigefügt bekommt (T. 19–21). Die Restitution des leitereigenen ges" (T. 22, vor allem ab T. 23) wird durch die Auslenkung zum Ereignis. Deviation provoziert Restitution der strukturellen Ordnung. Struktur wird sinnfällig, indem sie sich als Attraktionszentrum gegen Störungen behauptet. (Wie anders sollte Ordnung zu hören sein?)

Durch das *imprévu* der Takte 27ff. stellen sich Intervalle, die ob ihrer Komplementarität zu friedlicher Koexistenz prädisponiert sind, plötzlich gegeneinander. Der feine Unterschied von Terz und Sext mutiert zum Kontrast. Gegen die klanglich wie satztechnisch perfekte Welt der Terzen (T. 23–26) steht eine Gegenwelt aus Sexten (T. 27) und ein Tonsatz, der vertikal wie horizontal zerklüftet und dessen melodischer Fluss von Pausen durchschossen ist.

Der Kontrast der zwei Intervall-Welten, der sich in T. 27 als «drastische Beiläufigkeit» durch die Kollision zweier aufeinanderfolgender Variationen wie zufällig ergab, wird zum Thema und beherrscht das gesamte musikalische Geschehen bis T. 46. Die Verwandlungen der beiden Pole (T. 31–34 resp. T. 34 und 39) laufen auf eine Annäherung der getrennten Welten hinaus. Dem *clash* der Intervall-Welten unterlegt ist ein struktureller Konflikt von Tönen, die sich als Haupt-, Spitzen- oder Zentraltöne wechselseitig Konkurrenz machen (T. 27, 31, 36 des"";

T. 37 und 39 as"; T. 44). So aktiviert die Auslenkung durch das *imprévu* die integrative Kraft der Struktur.

T. 47 markiert einen formalen Einschnitt. Im Schlussteil der *Berceuse* dominiert ein neuer Typ von Figuration, der linear anstatt akkordisch konzipiert ist.

In akkordischer Figuration, wie sie die Takte 15–46 der *Berceuse* prägte, werden pianistisch-satztechnische Muster auf eine Akkordprogression projiziert. So bekommt das abstrakte harmonische Substrat ein spezifisches Gesicht in der Zeit. Akkordische Figuration fokussiert Details: Töne und Intervalle. Sie verhält sich, indem sie Einzelheiten herauslöst und «übertreibt», analytisch zum Ausgangsmodell. Lineare Figuration dagegen kann Differenzen zusammenführen. Sie balanciert ständig und hörbar auf der Grenze zwischen Einstimmigkeit und latenter Mehrstimmigkeit. Lineare Verzweigungen eröffnen Umwege, die sich als Verdeutlichung der Stationen des Hauptwegs erweisen.

Die Takte 47–49 sind durch ein Gerüst aus fallenden Sekundschritten (des"-c"-b'-as'-ges'-f') strukturiert. Jeder Schritt wird durch einen kleinen figurativen Exkurs zusätzlich markiert.

Auch lineare Figurationen kennen die Logik des *imprévu* und die darauf basierende Dialektik von Auslenkung und Rückstellung. In T. 49–50 verlässt die Figuration für einen kurzen Augenblick ihre dienende Rolle und macht sich durch eine nuancierende Interpretation der letzten beiden Schritte des Gerüsts selbständig. Aus as'-ges'-f' (T. 48–49) wird, in einem weit ausgreifenden figurativen Bogen: as"-g"-ges""/ges"'-f"'/f". Die Verbindungen as-g und ges-f konfligieren.

Der figurativ verursachte Vorfall bleibt zunächst ohne Auswirkungen auf den Gang der musikalischen Erzählung. Doch in der chromatischen Veränderung in T. 55, wo nach dem des" anstelle des c" ein ces" erklingt, wirkt das Vorbild des figurativen Ausflugs in T. 49–50 nach. Diese Störung in T. 55 hat strategische Qualität. Sie ist eine Deviation aus formaler Notwendigkeit. Mit den Rückstellungsanstrengungen, die sie anstößt, dient sie der Gewinnung einer Schlusswirkung. Weil man während der gesamten Dauer der *Berceuse* in harmonischer Hinsicht nichts anderes gehört hat als den Wechsel von Tonika und Dominante, bedarf es einer Auslenkung, damit der tonikale Klang, der ständig anwesend war, die Bedeutung eines Zentrums und also Schlussqualität erlangen kann.

Die *Barcarolle* op. 60 ist dasjenige Werk Chopins, in dem die aus dem figurativen Komponieren hervorgegangene Variantentechnik am konsequentesten genutzt und entwickelt wird. Der Grad struktureller Integration ist, selbst für Chopin'sche Verhältnisse, enorm hoch. Die Ableitung und Verwandlung thematischer Gestalten geschieht mit lückenloser Stringenz. Akkordprogression und lineare Prozesse sind aufs Engste verwoben. So nähern sich in der *Barcarolle* figuratives Komponieren und Variantentechnik auf der einen Seite motivisch-thematischer Arbeit, auf der anderen Seite dem Kontrapunkt an.

Die beiden Themen, die im ersten Teil differente Tonartenstationen besetzen (T. 6 Fis-Dur, T. 40 A-Dur), sind direkt aus Elementen der Introduktion gewonnen. Sie stehen untereinander im Verhältnis kontrastierender Ableitung, während das dritte, Tarantella-artige Thema (T. 62) ein Komplement vorzüglich zum ersten Thema darstellt, wie sich im zweiten Teil der *Barcarolle* erweist (T. 84, T. 93).

Die thematischen Gebilde und Abschnitte werden im zweiten Teil des Werks sämtlich verdichtet und integriert. Zugleich aber findet mit der Oktavverstärkung der ostinaten Bassformel, die zuvor für die schaukelnde Bewegung eines typischen Gondellieds sorgte, und dem höllischen Terzentriller, mit dem die Reprise des Hauptthemas anhebt (T. 64), ein Umschlag ins Lärmende und streckenweise Vulgäre statt. Friedrich Nietzsche hat ausgerechnet diesen Zug zum Ausgangspunkt seines Lobs der *Barcarolle* gemacht.

> Fast alle Zustände und Lebensweisen haben einen seligen Moment. Den wissen die guten Künstler herauszufischen. So hat einen solchen selbst das Leben am Strande, das so langweilige, schmutzige, ungesunde, in der Nähe des lärmendsten und habgierigsten Gesindels sich abspinnende; – diesen seligen Moment hat Chopin, in der Barcarole (sic), so zum Ertönen gebracht, dass selbst Götter dabei gelüsten könnte, lange Sommerabende in einem Kahne zu liegen. (Nietzsche, *Der Wanderer und sein Schatten*, Nr. 160)

Das «Schmutzige» und «Lärmende» emergiert im zweiten Teil von Chopins Komposition aus einer thematischen Konstellation, die im ersten Teil überaus kunstvoll gearbeitet ist und lediglich ab T. 62 (poco più mosso) eine Tendenz zum Trivialen spürbar werden lässt. Zugleich ist die Manifestation des «Ungesunden» von Inseln durchsetzt, von Einstimmigkeit, Melodie und Linien durchzogen, in denen man im Sinne Nietzsches den Versuch erkennen kann, «den seligen Moment» aus dem Gebräu des «Lärmenden» auszufällen. Dazu zählen die Überleitung vom Haupt- zum Seitensatz (T. 35–38 poco più mosso), die beiden interpolierten Abschnitte T. 72 (meno mosso) und T. 78, die den Schluss des ersten Teils der Komposition vom lärmenden Beginn des zweiten distanzieren, die großartige Figuration in T. 110, in der T. 80–82 nachklingt, und schließlich die 32-tel-Läufe der Coda (T. 113), die Jankélévitch zu «lebendigen Darstellungen unserer Freiheit» erklärt:

> sie zittern vor Freude, sie plappern wie ein Springbrunnen in der Nacht; sie lächeln uns zu oder bedenken uns, gerade umgekehrt, mit einem traurigen Blick, und sie verlöschen in Gemurmel. (Jankélévitch 1988, 288)

2 Musik aus dem Geist der Mechanik: Etüden

Klavieretüden gibt es als Übungsstücke seit dem 18. Jahrhundert. Seit dem ersten Drittel des 19. Jahrhunderts erscheinen Etüdenwerke, die hörbar Anspruch machen, auch als Kunstwerke wahrgenommen zu werden, und nicht ausschließlich dem Ziel der Ausbildung des Spielapparats dienen. In Muzio Clementis *Gradus ad parnassum* (1817–1826) sind Etüden eingebunden in eine Sammlung, die ebenso Charakterstücke, Kanons, Fugen, Sonatensätze, teils in mehrsätziger Anlage umfasst. Mechanik und Kunstanspruch berühren sich in der Aufgabe einer satztechnisch vielfältigen Ausdifferenzierung des instrumentalen Klangs. Ignaz Moscheles schreibt seine *24 charakteristischen Studien op. 70* (1827) für «bereits gebildete Klavierspieler» (Vorwort). Damit entwindet er die Mechanik des Instrumentalspiels dem Alleinvertretungsanspruch der Propädeutik und rückt sie in den Kernbereich pianistischer Kunst als Ausdruckskunst. Charakteristik und Expressivität des Instrumentalspiels werden rückgebunden an Probleme der Mechanik.

Der neue Blick auf das Mechanische findet zur selben Zeit Eingang auch in das Nachdenken über Musik. Der Zürcher Musikschriftsteller, Verleger und Chorleiter Hans-Georg Nägeli hat in den 1820er Jahren im Rahmen seiner *Vorlesungen über Musik* die Neuerungen des Klavierspiels, die in der Entwicklung der Gattung Etüde zur Kenntlichkeit kommen, systematisch und historisch analysiert und in einer Theorie des «Toccatenstyls» gebündelt (Nägeli, *Vorlesungen*, 1826, 170ff.). Instrumentale Virtuosität berührt den Kern (des aktuellen Zustands der Entwicklung) des Musikalischen.

Die Publikation der Zwölf Etüden op. 10 von Chopin im Jahr 1833 markiert einen Einschnitt in der Entwicklung der Gattung. Das Konzept wird radikalisiert, vor allem aber der Anspruch der Gattung erweitert dergestalt, dass die Etüde hinfortan eine exponierte Stellung innerhalb des Systems musikalischer Gattungen innehat und die Führung übernimmt in der musikalischen Abteilung des Projekts der Moderne. Die vertrauten Relationen von Mechanik und Geist, von geistiger Substanz und mechanischen Mitteln, von Poetischem und Prosa, Relationen, die dereinst den Kunstcharakter von Musik überhaupt verbürgten, werden in Chopins Etüden systematisch invertiert.

Indem Chopin musikalische Kunst aus instrumental- und satztechnischer Mechanik hervorgehen lässt, wird Musik zum aktiven Teil der ästhetischen Avantgarde. Sie findet Anschluss an das Projekt der Moderne, wie es vorzüglich von Dichtern formuliert wurde. Französische Rezensenten der Erstpublikation haben die Etüden op. 10 in ideengeschichtlicher Absicht mit den Oden Lamartines, des «Künder(s) der ‹grande époque› einer ‹humanité transformée›, verglichen (Varga-Behrer 2010, 136ff.). Doch Chopins Etüden bilden darüber hinaus durch die Radikalität ihrer Verfahrensweise eine musikalische Entsprechung, *avant la lettre*, zur Poetik Stéphane Mallarmés, der einst

Edgar Degas wissen ließ, dass Gedichte aus Wörtern, nicht aus Ideen gemacht werden.

Die Umkehrung der traditionellen Zweck-Mittel-Relation betrifft in Chopins Etüden einerseits, auf der Ebene der Komposition, die Rolle der Satztechnik und der pianistischen Textur sowie andererseits, auf der Ebene der klanglichen Realisation, die Rolle, die das Instrument spielt, indem es den Spielapparat des Ausführenden determiniert und über die Idiomatik der Figuration unmittelbar in die satztechnischen Grundlagen eingreift.

Die Sammlungen op. 10 und op. 25 (und die drei Etüden für die *Méthode des méthodes* von Fétis und Moscheles) geben eine umfassende Analyse und Systematik der Kunst des Klavierspielens. Sie entwickeln, nach einer Feststellung Alfred Cortots, die Grundlagen des Klavierspiels zwischen César Franck und Johann Sebastian Bach (Cortot, *op. 10*, 20). Chopins Pianistik ist bedeutend dadurch, dass sie neue Möglichkeiten eröffnet und zugleich in die Vergangenheit ausgreift.

Chopins Etüden sind Übungen besonderer Art (Tovey 1944). Sie geben – wie andere Übungen auch – Anlass und Gelegenheit zur Perfektionierung einzelner Bewegungsabläufe. Aber sie tun das, indem sie – und darin gehen sie über den Normalfall einer Übung hinaus – durch die Verknüpfung mehrerer, oftmals offen widerstreitender Übungsziele zugleich für einen Widerstand sorgen, gegen den und in Abstimmung mit dem die Perfektionierung erfolgt. Dadurch bekommt das Üben sein individuelles Maß. Das quantitative, abstrakte Trainingsziel «schnell-gleichmäßig-laut», an dem Übungen ohne Widerpart sich *faute de mieux* orientieren, erweitert sich zu einer Optimierungsaufgabe, die qualitativer Art und komplex ist, insofern sie mit Wechselverhältnissen zu tun hat und in der individuellen Formung des Einzeltons terminiert.

Innere Kriterien statt Maßband, Stoppuhr und Messlatte; Formung des Einzeltons anstelle summarischer Bewegungsdisposition; qualitative Aufgabenstellungen anstelle quantitativer *bench marks* – das sind die Charakteristika, durch die Chopins Etüden, gerade wegen ihrer spezifischen Ausrichtung auf die

Materialität und Idiomatik des Instruments, wichtig werden für die Musik insgesamt. So bekommt der Satz von Gautier «La difficulté vaincue est elle-même une beauté» (Die überwundene Schwierigkeit ist an sich selbst Schönheit) präzise Bedeutung.

Das Wechselspiel von Einzelton und Fliehkräften stellt sich in jeder der 24 plus 3 Etüden anders dar. In heuristischer Absicht lassen sich Grundtypen beschreiben, die in Varianten, Abstufungen und Verschränkungen immer wieder begegnen und die den universalen Zugriff auf das gesamte Gebiet der Pianistik und der musikalischen Satztechnik erkennen lassen, der kennzeichnend ist für Chopins Projekt.

Für einen ersten Typus, den man «Dasselbe anders» überschreiben könnte, steht der Rahmenteil der Etüde op. 25, Nr. 5, in dem eine figurative Bildung abgewandelt wird und zugleich ihre Identität gewahrt. Ein zweiter Typus beruht auf der widerspruchsvollen Einheit der Akkordbrechung, einer Art von gesteigertem *style brisé*. Er wird durch op. 10, Nr. 1, op. 25, Nr. 1 oder op. 25, Nr. 12 repräsentiert. In einem dritten Typus erfährt eine prekäre Balance konfligierender Schichten durch variative Veränderungen immer neue Verschärfungen, beispielhaft in op. 10, Nr. 2. In einem vierten Typus von Etüden geht es um die pianistische Identifizierung kontrastierender Charaktere, die nacheinander exponiert werden. Diese Aufgabe ist offensichtlich in op. 25, Nr. 10, op. 10, Nr. 3, op. 25, Nr. 5 etwas weniger offensichtlich, aber gleichwohl wesentlich in op. 25, Nr. 11. Eine fünfte Gruppe von Etüden hat das Verhältnis von Melodie und Begleitsystem zum Thema. Zu ihr gehören etwa op. 25, Nr. 7, op. 10, Nr. 3, Nr. 11, Nr. 5.

***

Vor allem in der Sammlung op. 25 hat der Komponist selbst Gruppen gebildet von Etüden, in denen eine vergleichbare oder komplementäre pianistische Aufgabenstellung verhandelt wird. Offensichtlich gehören die beiden Oktavenetüden Nr. 9 und Nr. 10 zusammen. Bezüge existieren aber auch zwischen Nr. 1 und Nr. 2, zwischen Nr. 5, Nr. 4 und Nr. 3 oder Nr. 6 und Nr. 8.

Die Etüde **op. 25, Nr. 1** war Schumann besonders lieb und nah. Sie sei, so schrieb er, «mehr ein Gedicht, als eine Etüde» (1854, II, 103). Er schätzte das Stück auch deshalb so hoch, weil Chopins Klavierspiel hier seine besonderen Qualitäten entfalte. Nach Schumanns Bericht, der den Komponisten mit dieser und anderen Etüden gehört hat, spielte Chopin weder isolierte Töne und «digitale» Details noch ein geglättetes harmonisches Ganzes.

> (...) es war mehr ein Wogen des As dur-Accordes (...); aber durch die Harmonien hindurch vernahm man in großen Tönen, Melodie, wundersame, und nur in der Mitte trat einmal neben jenem Hauptgesang auch eine Tenorstimme aus den Accorden deutlicher hervor. (1854, II, 103 f.)

Die Figuration balanciert auf dem Indifferenzpunkt von Klang, Akkord und Einzelstimme. Das Bild ändert sich in jedem Augenblick. Musik, im Begriff und auf der Schwelle, sich zu artikulieren: ein klangliches Gewebe, das sich mal mehr, mal weniger zu harmonischer Fortschreitung formiert. Melodiewerdung statt Melodie.

Die wohlorganisierte Multivalenz, die Schumann schildert, beruht auf einer Kooperation von Bewegungsformen, in der ein «leichtes Spiel ausschließlich der Finger» den Ton angibt und das Handgelenk, ermöglichend und unterstützend, für eine «vollkommene Ruhe der Hand» sorgt (Cortot, *op. 25*, 9).

Nur das entbundene Spiel der Finger macht Differenzierungen und Nuancierungen auf der Ebene des Einzeltons möglich. Nur wenn die Ausführung der ständig wiederholten Figur durchweg auf Fingerspiel beruht, kann auch der melodieführende 5. Finger «absolut unabhängig» sein, so dass die Melodiestimme ein Faden innerhalb des figuralen Gewebes wird und der Trivialität eines sanglichen An-sich entgeht. Das Handgelenk fungiert als Kupplung und Vermittler der digitalen Aktionen.

Die Balance von Fingerspiel und Handgelenk, eine wache Passivität des Handgelenks, das durchlässig ist für die Aktionen der Finger und feine Auslenkungen vorbereitet, ist Thema auch der Etüde **op. 25, Nr. 2**. In der Darstellung durch Chopin klang sie, wie Schumann schreibt, «so reizend, träumerisch und leise, etwa wie das Singen eines Kindes im Schlafe» (1854, II, 104). Sie verlangt und übt eine Virtuosität der Subtilität, die sich nicht nach außen kehrt, eine «diskrete Virtuosität» (Jankélévitch 1979, 160).

Die instrumentaltechnische Aufgabe besteht darin, äußere Differenzen zu minimalisieren. Die Überlagerung rhythmischer Gruppierungen – ganztaktige, halbtaktige, ternär-binär changierende – begründet keine polyrhythmische Ordnung, keine «Reibungen». Die Unterschiede münden in klangliche Nuancen und müssen heruntertransformiert werden auf ein «inneres Gefühl von Rhythmus» (Cortot, *op. 25*, 14).

Dieses «romantische» Klangergebnis beruht darauf, dass Grundsätze älterer pianistischer Traditionen konsequent durchgeführt und zugespitzt werden. Cortot verweist auf Rameaus Schrift *De la mécanique des doigts sur le clavecin* von 1724. Dessen Forderung, das Handgelenk sei dazu da, die Freiheit der digitalen Bewegung sicherzustellen, erweist in Chopins Etüden op. 25, Nr. 1 und Nr. 2 ihre ungebrochene Gültigkeit, ungeachtet der Umwälzungen und Erweiterungen, die das Klavierspiel im Lauf des 19. Jahrhunderts erfahren hat. Chopin selbst hat zu den Neuerungen beigetragen, die durch Beethoven, Weber, Schumann und Liszt vorangetrieben worden sind. Doch der orchestrale Klang des Klaviers und die Vergrößerung der Ausdruckspalette dürfen nicht zum Vorwand werden für summarisches Spiel. Chopins Etüden leiste die Rückbesinnung auf «die Grundlage des Klavierspiels», die im Lauf des späteren 19. Jahrhunderts in Vergessenheit geraten ist (Cortot, *op. 25*, 15).

Komplement zum ersten Etüdenpaar aus op. 25 sind die beiden Oktavenetüden, **op. 25, Nr. 9** und 10. Wieder geht es um das Verhältnis von Finger und Handgelenk, nun allerdings unter der Voraussetzung eines aktiven Handgelenks. Auch bei aktiviertem Handgelenk gilt es, die Taste mit dem Finger zu führen. Die Etüde **op. 25, Nr. 9** entfaltet ihren Charme dann (und nur dann), wenn es dem Ausführenden gelingt, die Bewegung des Handgelenks, die erfordert ist, wenn man Oktaven spielt, zu minimieren und sie der Fingerbewegung anzuschmiegen.

Die Etüde **op. 25, Nr. 10** ist der Modellfall einer Oktavenetüde. Cortot hat in seinem Kommentar zum Rahmenteil des Stücks das Verhältnis von Handgelenkbewegung und Unabhängigkeit der Finger in allen Einzelheiten durchdekliniert, und er konnte diesen Kommentar direkt als Oktavenkapitel in seine Methodik des Klavierspiels, die *Principes rationnels de la technique pianistique*, übernehmen.

Für die individuelle Komposition – und auch für eine klanglich angemessene Darstellung der Oktaven – ist die Relation des Rahmenteils zum Mittelteil wesentlich. Die Differenz der Charaktere erzwingt eine Modifikation der Oktavtechnik. Das Gewicht des Unterarms kommt ins Spiel, und dem Handgelenk fällt nun die Aufgabe zu, diese Energie auf die Finger zu übertragen. Doch bedarf es einer klanglichen Brücke zwischen den kontrastierenden Teilen, damit insbesondere die Wiederkehr des Rahmenteils musikalisch plausibel wird.

Wird der Rahmenteil in dieser Weise auf klangliche Differenz gestellt, dann hört man im Mittelteil die gestalthafte Sonderung und polyphone Durchführung der zuvor nur klanglich unterschiedenen Schichtung. Dann wird auch die Reprise des ersten Teils, also der Rückweg in die Klanglichkeit an der Grenze zum Amorphen, verständlich und ausdrucksvoll.

In der Etüde **op. 25, Nr. 5** sind technische Probleme in einer Weise gebündelt, dass nicht nur Wechselwirkungen zwischen einzelnen Übungsfeldern entstehen, sondern der grundlegende und universelle Zusammenhang sichtbar wird, auf den Chopins Etüdenwerk als Ganzes zielt. Wenn die Materialität von Instrument und Klang konsequent als Quelle (und nicht bloß als Mittel) musikalischer Bedeutung und musikalischen Ausdrucks behandelt wird, rückt das Konzept der Nuance in den Mittelpunkt und erweist sich als ein Konzept der Moderne. In der Gattung Etüde zeigen sich Verbindung und Übergang von einem Konzept der Nuance, die als Komplement der Konvention in aristokratischen Salons entsteht, zum Projekt einer Moderne, in dem Nuance den archimedischen Punkt bildet, von dem aus musikalische Rationalität als Problem und klassische Form als Formkritik entwickelt werden können.

In op. 25, Nr. 5 erzwingt – oder ermöglicht – eine kompositorische Strategie, in der Architektonik und Dynamik der Form ebenso wie deren Störung durch *wrong notes* auf dasselbe intervallische Element der Sekund zurückgreifen, eine Pianistik, die ihre Darstellungsmittel nicht als «gleichgültig Verschiedenes» (Hegel) begreift, sondern als Einheit von Identität und Differenz entwickelt.

Das Stück steht in e-Moll/E-Dur. Der Gegensatz der Tongeschlechter bestimmt den Gang der musikalischen Erzählung. Das Thema der Rahmenteile (T. 1, T. 98) fokussiert die Töne g''-fis', die Stufen III–II in e-Moll. Im Thema des Mittelteils hingegen (T. 45) ist der Schritt cis'-h, die Stufenfolge VI–V der gleichnamigen Dur-Tonart, in Szene gesetzt. In der Coda des Stücks (T. 130) wird der zu erwartende Schluss in e-Moll durch mehrfache Wiederholung der diskriminierenden Töne gis und cis aufgebrochen. Schließlich ist E-Dur mit allen Tönen seiner Skala präsent (T. 137), und der finale Triumph wird unterstrichen durch einen Dur-Dreiklang, der vom Fundament E_1 aus Resonanztöne bis in die dreigestrichene Oktave zum Klingen bringt (T. 138).

Dasselbe Intervall der Sekunde, das die Unterscheidung der Tongeschlechter trägt, liegt den harmoniefremden Tönen zugrunde, den *wrong notes* in der r. H., denen die Etüde ihren Beinamen verdankt. Mal wirken die kleinen Verzierungen als klangliche Würze, mal affizieren sie die harmonische Bedeutung.

Im Hauptthema (T. 1) dienen die dissonierenden Zusatztöne der inneren Belebung eines simplen Außenstimmensatzes (*scherzando*). Sie kolorieren den Sextengang der Hauptstimme und machen ihn klanglich auffällig. Die leicht hemmende oder Störwirkung, die von den *wrong notes* ausgeht, wird verstärkt durch die Unschärfe, die aus Arpeggierungen der l. H. entsteht. Harmonische Fortschreitung (l. H.) und zeitliche Markierung der Zählzeiten (r. H.) treten auseinander. Rhythmische Unschärfen verwischen das an sich klare metrische Gerüst.

Im Thema des Mittelteils (T. 45) hingegen sind die *wrong notes* systemrelevant. Sie bestimmen den Gang der musikalischen Erzählung. In T. 45/46 ist cis' melodischer Vorhalt, Teil und

Quell des *sentiments*, das dieses Thema verströmt – die Melodie muss weit ausholen, um in T. 50 ff. den gefühligen Vorhalt cis'-h einzufangen und durch Überbietung zu integrieren (H-e-gis-h-dis'-cis'-h). Melodik, Harmonik und Metrum befinden sich im Verhältnis ungetrübter Eindeutigkeit und Harmonie.

Chopin hat im Hauptteil der Etüde die Verbindung von Akkorden und Nebennoten unterschiedlich notiert und dadurch klangliche Varianten gefordert. Cortot entwickelt daraus ein System von zwei plus zwei Varianten, die ausschließlich artikulatorisch (nicht dynamisch oder agogisch) voneinander verschieden sind. Dabei werden Unterschiede der Artikulation (*legato*, *non legato*) nicht eingesetzt, um satztechnische Unterschiede klanglich zu repräsentieren und Stimmen oder Schichten hörbar voneinander zu sondern. Vielmehr werden sie gerade umgekehrt dazu benutzt, die Einheit des Satzes sinnlich erfahrbar zu machen.

An einem Ende der vierteiligen Skala steht eine Variante, in der ausschließlich Fingerspiel und Nicht-Legato Verwendung finden (T. 1–20, T. 98–109). Eine Hierarchie von Spitzenton und Sekundelement wird allenfalls sanft angedeutet dadurch, dass der Finger, der die Oberstimme führt, ein wenig mehr aktiviert sein soll als Daumen und Zeigefinger, die gänzlich passiv bleiben. Am anderen Ende steht eine Variante, die in einem *legato absolu* jede klangliche Hervorhebung, insbesondere der Oberstimme vermeidet (T. 37–42; Cortot, *op.* 25, 33).

Die beiden Extreme der Skala treffen sich also in dem Ziel, die klangliche Darstellung der internen Unterscheidung von Tonsatzschichten zurückzustellen zugunsten der Aufgabe, das Gesamtgefüge des Tonsatzes als klangliche Einheit wiederzugeben. Dass dieses Gesamtgefüge «gemeint» ist, wird deutlich dadurch, dass es auf zweierlei Weise realisiert wird und beide Male als Ganzes erscheint. Identität impliziert Verschiedenheit.

Zur *legato*- wie zur *non-legato*-Variante der klingenden Einheit des Satzes gibt es je eine Abwandlung. In ihnen wird die absichtsvoll unterdrückte Binnendifferenzierung ein wenig zugelassen. Die Melodie erscheint in dem Maße, wie die Anstrengung, sie nicht hervortreten zu lassen, reduziert wird.

In T. 21–28 und 110–113 ist das generelle *non-legato* beibehalten, jedoch die Artikulation des Spitzentons geringfügig abgesetzt gegen die beiden unteren, die durch eine leichte Bewegung der Hand verbunden werden. In T. 29–36 wird die *legato*-Variante dadurch nuanciert, dass die Oberstimme real, durch stummen Fingerwechsel gebunden wird und so innerhalb der generell herrschenden «intensiven Klanglichkeit» ein «vokales Übergewicht» bekommt (Cortot, *op.* 25, 33).

Cortots Variantensystem, das die von Chopin bezeichneten Unterschiede artikulatorisch polarisiert, um musikalische Identität zu markieren und zum Tönen zu bringen, lenkt die Aufmerksamkeit der Ausführenden auf die Verschränkung von Differenz und Identität, auf die Einheit von Identität und Abweichung. In der Kunst der Nuance werden klangliche Unterschiede zunächst «immaterialisiert». Die Differenz der Klänge muss zunächst zum Medium der Darstellung des Identischen werden.

In einem zweiten Schritt erst wird es möglich, auf Basis der Einheit von Identität und Abweichung, die einzelne Klangfolge, den einzelnen Klang und den einzelnen Ton zu nuancieren. Das geht nicht ohne eine Invasion von Kontingenzen und deshalb nicht ohne Individualisierung. Indem der Ausführende sich bemüht, «das kleinste rhythmische oder klangliche Detail zu profilieren», stellen sich Fragen, die nur individuell zu beantworten sind und deren Beantwortung abhängig ist von den «persönlichen pianistischen Möglichkeiten» (Cortot, *op.* 25, 32).

Die Aufgaben, die in der Etüde op. 25, Nr. 5 gestellt sind, kommen zusammen in der Formung des Einzeltons. Der Einzelton ist die Ebene, auf der Komposition und pianistische Technik im vollen Verstand sich verbinden. Die «Abweichungen in der Tastenführung» sind «subtil», weil sie sich aus dem Ausgleich widerstreitender Anforderungen ergeben – solchen der komponierten Struktur wie solchen der persönlichen Bedingungen und instrumentalen Umstände.

3 Formen ohne Form: Préludes

Chopins *Préludes* nehmen einen besonderen Platz im Gefüge der Gattungen seiner Klaviermusik ein. Viele von ihnen sind extrem kurz. Nahezu alle werden von einer einzigen, oft ostinaten Figur beherrscht. Ein Integrationsproblem im Sinne der klassischen Relation von *diversity in unity* kennen sie daher nicht.

> Diese Form hat keine Form. (Jankélévitch 1988, 273)

Die *Préludes* sind

> eine Einleitung, die in nichts einleitet, Vorwort zu einer Ausarbeitung, die ständig aufgeschoben wird. Das Prélude hört nicht auf zu präludieren. (...) Das Vorspiel ist zum Stück selbst geworden. (Ebda.)

Chopins *Préludes* wurzeln in der realen Praxis des Präludierens, in der Praxis des Musikers, der ein Instrument erprobt, die Zuhörer anspricht und den Spielapparat justiert, indem er ein paar Harmonien ausbreitet, bevor er zur Sache oder in die Sache übergeht. Chopins *Préludes* sind komponierte Grenzwerte des Performativen.

In den *Préludes* wird der naturgemäß vieldeutige und als solcher nicht zu fixierende Vorgang des Präludierens als eine Form des Improvisierens vor Publikum in einer Komposition sistiert. Das spannungsvolle Zugleich von Vorgang und Stück, von performativem Akt und notierter Komposition wird möglich, indem das Prélude selbst schon das realisiert, worauf es hinweist. Chopins Préludes sind mehr Hinweis als Hinführung, und indem sie hinweisen, geben sie zugleich eine Exemplifikation dessen, auf das sie hinweisen (Nelson Goodman, *Languages of Art*, Indianapolis [5]1985, 52). Sie «zeigen» im zweifachen Sinn des deutschen Worts, das im Englischen zwei Äquivalente hat: *to point* und *to show* (Lambert Wiesing, *Sehen lassen*, Berlin 2013, 21). Unter dem Vorwand, einer ausstehenden Substanz zu präludieren, erweist das Präludieren sich als die Sache selbst. Die Erwartung des Kommenden wird unterlaufen und zugleich «übererfüllt», und zwar durch eine «Als-ob-Struktur», die Hörer durch den «suggestiven Antrag an den Möglichkeitssinn (...) zu ergänzender Phantasie-Arbeit einlädt» (Karl Heinz Bohrer, *Plötzlichkeit*, Frankfurt/Main 1981, 187).

Aus der Verbindung von Performanz und Komposition und aus der äußersten Kürze vieler *Préludes*, in denen der tönende Moment isoliert und unmittelbar erfahrbar zu sein scheint, erwächst der Gattung als zentrales Merkmal, dass jedes einzelne Prélude zugleich selbständig und unselbständig ist. In der überwiegenden Mehrzahl sind die *Préludes* op. 28 weder selbständig noch Bestandteil einer mehrteiligen, zusammengesetzten Form – wie Bachs Präludien und Fugen oder César Francks *Prélude, Choral et Fugue*. Sie bilden ursprünglich auch keinen Aufführungszyklus. Erst seit der Wende zum 20. Jahrhundert werden sie komplett und in der notierten Reihenfolge im Konzert gespielt.

Im Konzept der *Préludes* verbinden sich Individualität und Allgemeines auf eine Weise, die von klassischer Form radikal verschieden ist und zugleich als Steigerung klassischer Formprinzipien verstanden werden kann. Die *Préludes* sind diejenige Gattung, in der Form am deutlichsten als Formkritik realisiert ist. Man kann die Poetik der *Préludes* und ihr komplexes Verhältnis zur klassischen Forderung nach Vermittlung von Detail und Ganzem vergleichen mit Kierkegaards Kritik der Relation von Moralischem und Sittlichem in Hegels Rechtsphilosophie (§§ 129–144). Wo Hegel den Gegensatz zum Übergang mildert, spitzt Kierkegaard in seinem Konzept des Glaubens zu, indem er behauptet,

> dass der Einzelne als der Einzelne größer ist als das Allgemeine, dass er diesem berechtigt gegenübersteht, nicht subordiniert, sondern übergeordnet, doch wohlgemerkt so, dass der Einzelne, nachdem er dem Allgemeinen untergeordnet wurde, nun durch das Allgemeine der Einzelne wird, der als der Einzelne übergeordnet ist; dass der Einzelne als der Einzelne in einem absoluten Verhältnis zum Absoluten steht. (*Furcht und Zittern*, Frankfurt/Main 1984, 51)

Wie befremdlich die radikale Poetik der *Préludes* auf Zeitgenossen wirkte, geht aus einem Artikel von Robert Schumann hervor, der viel Lobendes über gerade erschienene Mazurken und Walzer enthält, in op. 28 jedoch die Grundlagen der Musik in Gefahr sieht.

> Die Präludien bezeichnete ich als merkwürdig. (...) es sind Skizzen, Etudenanfänge (sic!), oder will man, Ruinen, einzelne Adlerfittige, alles bunt und wild durcheinander. (...) Auch Krankes, Fieberhaftes, Abstoßendes enthält das Heft; so suche jeder, was ihm frommt und bleibe nur der Philister weg. (...) Schließen wir besänftigender mit dem schön Schiller'schen: ‹Jenes Gesetz, das mit ehernem Stab den Sträubenden lenket, / Dir nicht gilt's. Was du thust, was dir gefällt, ist Gesetz.› (1854, III, 122)

Schumann deutet Chopins *Préludes* als Ausdruck der aporetischen gesellschaftlichen Lage der Kunst. Vergangen ist, so heißt es in dem zitierten Gedicht von Schiller, «jene Zeit, da das Heilige noch im Leben gewandelt» und es keine Sonderung von Professionellen und Laien gab. Jetzt sind Individuelles und Allgemeines im künstlerischen Schaffen wie im Leben gegeneinander isoliert.

Was Schumann als Irritation und Beunruhigung wahrnimmt, ist Chopins Modernität. Chopin komponiert im Bewusstsein der Krise der Musik. Dieser Aspekt ist in der Chopin-Rezeption an der Wende zum 20. Jahrhundert zu voller Wirkung gelangt. In den *Préludes* Claude Debussys wird, was Schumann als «Krankes, Fieberhaftes, Abstoßendes» bezeichnet, zum Prinzip erhoben. Form ist auf Diskontinuität gegründet. Debussys Prélude «La Sérénade interrompue» ist Paradigma einer Form aus Unterbrechungen (Jankélévitch 1989, 250ff.).

***

Friedrich Gulda hat 1986 einen Teil eines Wiener Klavierabends mit erlesenen Werken Chopins bestritten (https://www.youtube.com/watch?v=EVYIXyr84z8). Gulda begann sein Konzert mit dem *Nocturne* H-Dur op. 62, Nr. 1, es folgten die *Barcarolle* op. 60 sowie, vor der abschließenden *Berceuse* op. 57, eine Auswahl von neun Stücken aus den *Préludes* op. 28, in der Reihenfolge Nr. 15 Des-Dur, Nr. 10 cis-Moll, Nr. 9 E-Dur, Nr. 3 G-Dur, Nr. 4 e-Moll, Nr. 7 A-Dur, Nr. 13 Fis-Dur, Nr. 21 B-Dur und Nr. 24 d-Moll.

Durch die vom Pianisten gewählte Anordnung, in der neben dem grundlegenden Aspekt der Tonartenfolge auch die Differenz der Tongeschlechter und Taktarten Berücksichtigung findet, tritt die spezifische Beziehungsfähigkeit jedes einzelnen Stücks zutage. Durch die Realisierung der Bindungsmöglichkeiten erst fällt klärendes Licht auf die individuelle Qualität des einzelnen Stücks wie auf den Typus, dem das Stück im weiten Feld des Präludierens zugehört.

Das Prélude **op. 28, Nr. 15** Des-Dur, das den lautmalerischen Beinamen «Regentropfen-Prélude» trägt, ist eine Ostinato-Komposition, statisch, nicht entwickelnd. Das gesamte Stück hindurch wird der Ton as/gis repetiert. Er ist Quintton des Des-Dur-Dreiklangs in den Rahmenteilen, und er ist V. Stufe in der Tonart cis-Moll im Mittelteil. Im Rahmenteil entsteht durch das Ostinato ein Quartsextakkord as-des'-f'. Im Mittelteil trägt der ostinate Ton einen eigenen Dreiklang gis-his-dis'. Der Klang, der die Rahmenteile bestimmt, ist in sich labil, obgleich die Bindung an den Grundton Des in T. 1–8, T. 20–27, T. 76–89 nicht aufgegeben wird. Der Gis-Dur-Dreiklang, der den Mittelteil prägt, ist zwar in sich stabil, hat aber keine tonikale, sondern dominantische Funktion.

Weil Klanggestalt und Klangfunktion divergieren, hat das Stück – ungeachtet seiner traditionell dreiteiligen Anlage – keine schlüssige Dramaturgie und keinen befriedigenden Schluss. Durch die statische Textur des Ostinato wird die Ambiguität der Akkordbildungen mal in die eine, mal in die andere Richtung gewendet. Keine der beiden klanglichen Varianten und harmonischen Bedeutungen aber ist als Ziel oder Auflösung gegenüber der anderen ausgezeichnet. Der Klang changiert. Es herrscht Wechsel, der irgendwann aufhört (T. 89). Es gibt aber keine gerichtete Zeit und keinen Schluss, der von innen heraus begründet wäre.

In dem Stück, das Gulda anschließt, im Prélude cis-Moll **Nr. 10**, einem «capriccio von außerordentlicher Eleganz der Linien» (Leichtentritt 1921, 147), wird der Instabilität und Unruhe erzeugende Ton as/gis aus Nr. 15 zur Ruhe gebracht. Das Gewicht der thematischen und harmonischen Gestalten, die in dem Stück auftauchen, und der Grad von Differenzierung, den sie erreichen, ist gering. Sinn und Bedeutung dieses Prélude liegen nicht in dem, was es selbst ist, sondern ausschließlich in dem, was es leistet. Seine Aufgabe ist, das gis in Szene zu setzen und durch wiederholtes Kadenzieren zu befrieden.

Doch auch hier greift die Dialektik von Selbständigkeit und Unselbständigkeit, das Paradox, das die Gattung bestimmt. Das cis-Moll-Prélude ist Übergang, indem es die strukturelle Unentschiedenheit des Des-Dur-Prélude auflöst, dessen «offene» Form paradoxerweise ein Resultat von Binnendifferenzierung und Integration ist. Wegen seines unselbständigen Charakters als Übergang kann Prélude Nr. 10 den Beschluss bilden, der zuvor, unter den Bedingungen ausgeprägter Eigenständigkeit in Nr. 15, nicht zustande kam.

Nr. 9 in E-Dur ist tonartlich vom Nachbarstück in cis-Moll deutlich weiter entfernt, als es Nr. 10 von der gleichnamigen Dur-Tonart der Nr. 15 war. Es ist ein Trauermarsch und schon durch die Tatsache, dass ein vorgeprägter Charakter aufgegriffen wird, ein eigenständiges, in sich bestimmtes Stück. Doch ein Überschuss harmonischer Aktivität oder besser: ein Mangel an Entschlossenheit, harmonischer Eigendynamik disziplinierend entgegenzuwirken, hat zur Folge, dass diese ausgeprägte Selbständigkeit, ganz im Sinne der paradoxen Logik der Gattung, durch eine «unvollkommene» Balance zentrifugaler und zentripetaler Kräfte konterkariert wird.

Der Widerstreit ordnender und die Ordnung gefährdender Kräfte beruht auf der engen Verschränkung harmonisch-funktionaler und linearer Organisationsformen. Innerhalb eines ehernen syntaktisch-tonalen Rahmens von drei viertaktigen Sätzen, die jeweils in E-Dur beginnen und schließen, finden harmonische Bewegungen statt, die den Charakter von Exkursen und Digressionen haben und, ungeachtet der vollkommenen Parallelität ihrer syntaktischen und thematischen Anlage, in keinem Augenblick antizipierbar sind.

Ihren auch äußerlich inszenierten Höhepunkt (Dynamik, Ambitus u.a.) erreicht die Verunsicherung, die von harmonischer Digression ausgeht, in T. 8, wo die Tonarten As-Dur/as-Moll erreicht werden. Es bedarf der hörbaren Willkür einer ruppigen enharmonischen Verwechslung von as-/gis-Moll, damit die Musik pünktlich in T. 9 ihren letzten viertaktigen Cursus in E-Dur beginnen kann.

Das eigentlich Irritierende oder Beunruhigende liegt darin, dass die Tendenzen, die das – äußerlich ungefährdete – Ganze der Komposition von innen heraus in Frage stellen oder unterhöhlen, Resultat derselben strukturellen Maßnahmen sind, die das Rückgrat der äußeren Ordnung bilden. Alle drei Abschnitte sind in den Außenstimmen durch die Quart als Distanzintervall bzw. als Tetrachord geprägt und geführt. Der harmonische Exzess im Mittelteil ist Folge verstärkter tetrachordischer Aktivität. So sorgt dasselbe Element der Tetrachorde, das die Digression im Mittelteil hervorbringt und den kadenziellen Rahmen sprengt, im ersten und vor allem im letzten Teil für Ordnung. Die Fliehkräfte sind identisch mit den ordnenden.

Die Préludes **Nr.** 3 G-Dur und **Nr.** 4 e-Moll führen auf extrem unterschiedliche Weise dieselbe Formidee durch. In beiden Stücken geht es um Melodie als Grenzwert. Im dritten Prélude profiliert Melodie sich gegen eine Figuration. Im vierten ist eine Akkordrepetition das klangliche Medium, aus dem die Melodie sich löst und in dem sie ihre Autonomie behauptet. In beiden Préludes verschwindet die Melodie am Ende wieder in der Indifferenz des Figurativen resp. der harmonischen-klanglichen Repetitionen.

In **Nr.** 3 entsteht Melodie aus der Figuration und dem Wechselspiel von Terzen und Sexten, durch changierende Klang- und Realisationsweisen innerhalb derselben Intervallklasse. Die Aktivität der Oberstimme besteht in den ersten 15 Takten darin, strukturelle Details der Figur der linken Hand zu «rahmen», sie herauszulösen aus der Einheit der Figur, ein intervallisches Gerüst kenntlich werden zu lassen und harmonische Verbindungen durch hinzugefügte Dominantseptimen zu stärken (T. 7, 9, 10, 11).

In T. 16, dem syntaktischen Analogon zu T. 7, ändert sich das Verhältnis der beiden Hände bzw. der Schichten des Satzes zueinander. Die Initiative liegt bei der Oberstimme. Die Figuration verharrt in ihrer Ausgangsform und wird durch den frei eintretenden harmoniefremden Ton f" in der Melodiestimme dominantisiert. Dieser exponierte Spitzenton f" bekommt durch Fiorituren zusätzlichen Nachdruck (T. 17). Das Intervall f"-h', das er hervorruft, geht aber nicht direkt in seine Auflösung c"-e" über (T. 18), sondern führt, in einem weiteren Akt melodischen Unabhängigkeitsstrebens, zunächst zu einem weiteren harmoniefremden Ton dis" und damit zu der Terz h'-dis", die erst den Übergang zu T. 20 (c"-e") tatsächlich vollzieht.

Sechs Takte lang wurde die G-Figuration festgehalten (T. 12–17), zwei Takte länger als im ersten Teil (T. 3–6). Strategischer Zweck der Variante ist der Nachdruck, der so auf die Unterquinte C fällt, die ebenfalls für sechs Takte in Kraft bleibt (T. 18–23) und eine kontinuierliche Folge langer Melodietöne trägt (c"-h'-a'). Als Subdominante mit hinzugefügter Sext (T. 23) löst sie die finale Kadenz aus (T. 24–26), um sich gleich darauf in die Figuration zurückzuziehen. Die Emergenz des Melodischen vollendet sich im Rückgang ins Figurative.

Im Prélude **Nr. 4** entsteht Melodie aus einem Zwiespalt, der sich in der Begleitung aus repetierten Akkorden auftut, dem Zwiespalt von Einzelklang und tonaler Bedeutung, von Akkord und Stufe. Nicht weil sie an sich interessant wäre, ist diese Oberstimme expressiv (und das Stück so beliebt), sondern weil erst durch die Hartnäckigkeit, mit der die Melodie an dem Ton h' (T. 1–4) bzw. a' (T. 5–9) festhält, das akkordische Gleiten der linken Hand unter die «transzendente Gewalt» der Stufen gelangt (Heinrich Schenker, *Harmonielehre*, Wien 1906, 198). In genauer Umkehrung der klassischen Relation von rationaler Harmonik und individualisierter Melodik, von harmonischer Ordnung und melodischer Freiheit ist der akkordische Gang in diesem Prélude ein Produkt improvisierender Bewegung auf der Tastatur, während die Oberstimme, der an sich betrachtet alles abgeht, was nötig ist, um sie als Melodie zu qualifizieren, Intensität erlangt, weil sie am einzelnen Ton klebt und diesen Ton allein durch dieses melodische Insistieren gegen den klanglichen Wechsel als Stufe identifiziert, «über Einzelerscheinungen hinweg ihre innere Einheitlichkeit (...) – gleichsam ideell – verkörpert» (Schenker, 181).

Im zweiten Teil des Stücks nimmt die melodische Linie unvermittelt einen dramatischen Aufschwung. Auch dieser deklamatorische Ausbruch der Oberstimme (*stretto*, T. 16ff.) dient strategischen Zielen: der Behauptung des Bezugstons e über den Raum von vier Takten hinaus, den er als Grundton des Tonikadreiklangs im ersten Teil einnahm (T. 1–4). Die Melodie stellt sich der Gravitation einer linearen Bassbewegung entgegen, die im ersten Teil von g (T. 1) bis zum H (T. 5) geführt hatte. Die Zwangsläufigkeit dieser Abwärtstendenz wird in T. 16 (der T. 4 entspricht) durch mehrfachen Stimmtausch außer Kraft gesetzt.

Die nächsten beiden Préludes, die Gulda ausgewählt hat, **Nr. 7** A-Dur und **Nr. 13** Fis-Dur, sind, vergleichbar dem *Regentropfen-Prélude* Nr. 15 und jedenfalls in einem weit höheren Maße als die meisten anderen Stücke in op. 28, komplette Kompositionen. Sie sind in Thematik, Harmonik, Syntax und Form differenziert und integriert.

Das Prélude **Nr. 7** A-Dur ist als Mazurka ausgewiesen durch ein vertrautes rhythmisches Modell, durch die typische zweitaktige Gruppierung und eine ebenso gattungstypische diatonisch-chromatische Nebennotenbewegung (T. 1 cis"-d", T. 2 his'/dis" – cis"/e"). Terzen, Sexten, Oktaven sorgen innerhalb des sehr begrenzten Raums der Möglichkeiten für klangliche Vielfalt und Abwandlung, und sie werden zugleich als Mittel benutzt, um durch sorgfältige Stimmführung formale Dynamik in das quadratische Stückchen zu bringen. Das Gerüst der Strukturtöne cis"-h'-a' wird unterschiedlich nuanciert. Harmonik und Basslinie reagieren auf die feinen Unterschiede (T. 11, 12).

Aber so gewiss das in sich wohlorganisierte Prélude eine Mazurka ist, so deutlich unterscheidet es sich grundlegend von sämtlichen Ausprägungen, die das Mazurkenmodell in den Werken dieses Titels erreicht hat, und auch von interpolierten

Mazurken wie in der fis-Moll-Polonaise op. 44. In op. 28, Nr. 7 handelt es sich um die Reminiszenz oder das «Bild» einer Mazurka. Der ästhetische Reiz des Stücks beruht gleichermaßen auf seiner – verweisenden und buchstäblichen – Nähe zur Mazurka wie auf Distanz durch Selektion.

Während kein Pianist das Prélude A-Dur als Einzelstück auf sein Programm setzen wird, kann das Prélude **Nr. 13** Fis-Dur ohne Weiteres für sich stehen. Nur wenige andere Stücke aus op. 28 erreichen denselben Grad von Eigenständigkeit (Nr. 15, Nr. 17). Innerhalb der Gesamtanlage des Opus 28 wird diese Abgeschlossenheit aufgebrochen oder «weggespielt» durch das folgende Stück in es-Moll, das sich zu dem Fis-Dur-Prélude verhält wie das Finale der Sonate op. 35 zur vorangehenden «Marche funèbre».

Gleichwohl werden auch im Fis-Dur-Prélude destabilisierende Kräfte wirksam. Erstens gelingt es in dem durch Sequenzen und Fortspinnungsteile geprägten Mittelteil nicht, die parallele Moll-Tonart als tonalen Kontrast zu stabilisieren. Zweitens wird durch die «Übermelodie», die im Schlussteil (T. 29–36) der Wiederaufnahme der Takte 13–20 hinzugefügt ist, zwar der klangliche Reiz, nicht aber die tonale Schlusswirkung gesteigert. Weiter geschwächt wird diese Wirkung durch die angefügte Coda, die vor allem der Inszenierung des Terztons ais/ais' dient.

Der Ton ais/ais' ist der Komposition «eingesprengt wie eine Erzader» (um eine Formulierung aufzunehmen, die Harald Kaufmann auf Schönbergs op. 15 gemünzt hat). Wo er in Harmonien nicht vorkommt, wird seine Präsenz durch Vorhaltsbildungen oder Durchgänge möglich gemacht (T. 15, T. 25–26 u. a.). Er ist, zusammen mit seiner Terz/Sext fis, in Anfängen (T. 8–9) ebenso prominent wie in Schlussbildungen (T. 19–20). Der Ton ais kommt innerhalb der Grenzen dieses Prélude nicht zur Ruhe. Er treibt über die Grenzen des Stücks hinaus. Erst im folgenden Prélude Nr. 14 es-Moll nimmt die überschüssige Energie des einzelnen Tons tonale Gestalt an. Als ais/b wird der Ton zum stabilisierenden Element der Tonart der Mollparallele, auf die im Mittelteil der Nr. 13 nur hingedeutet wurde.

Indem Gulda in seiner Auswahl und Zusammenstellung auf das Fis-Dur-Prélude das in B-Dur **Nr. 21** folgen lässt, erreicht er die Verwandlung des Tons ais vom integrationsresistenten Störfaktor in einen konstituierenden Bestandteil des Tonikadreiklangs. Durch seinen in Ges-Dur stehenden Mittelabschnitt (T. 17–32) wird das B-Dur-Prélude vollends zum harmonischen Gegenbild des Prélude in Fis-Dur.

In Syntax, Form und Charakter ist dieses Prélude weit weniger auf Ausgleich und Vermittlung hin angelegt. Der Mittelteil beginnt übergangslos mit einem *subito forte* (T. 17), in der variierten Wiederholung dieses Gedankens mit einem *subito pp* (T. 25). Wo eine Wiederkehr des ersten Teils erwartet werden könnte (T. 33), setzt über einem dominantischen Orgelpunkt eine klanglich und dynamisch intensivierte Sequenz der charakteristischen Begleitfigur ein (T. 33–44). Im Fehlen einer «Reprise» kommt der Zwiespalt zur Darstellung, der zwischen einer durchweg quadratischen Syntax und der Dynamik der Selbstentfaltung eines figurativ-harmonischen Inhalts besteht.

Das Prélude **Nr. 24** d-Moll ist ein genuines Finale. Es schließt sozusagen vom ersten Takt an – so wie das Prélude Nr. 1 C-Dur noch im letzten Takt einen Anfang setzt. Das d-Moll-Prélude ist frei von Entwicklung. Sein Inhalt ist die Darstellung und Ausbreitung eines strukturellen Zentralklangs, der das Zentrum einer Folge von Dilatationen und Kontraktionen bildet. Das letzte Prélude ist eine Amplifikation des Dreiklangs a-f-d.

Die Töne des d-Moll-Dreiklangs konstituieren die Einheit eines musikalischen Raumes. Die drei Töne erscheinen (im Anfangsteil und in der Sequenzpartie T. 39ff.) als thematisch-expressive Tonfolge. Sie strukturieren zweitens den Tonartenplan für die Takte 1–19, und sie markieren drittens als Rahmentöne die Extrema des Tonraums von T. 51 bis zum Schluss.

Innerhalb einer regelmäßigen Anlage aus viermal 19 Takten breiten sich über einer ostinaten Bassfigur deklamatorisch-figurative Gestalten in ständiger Abwandlung und Entwicklung aus. Der exponierende erste Teil setzt sich aus einem Vordersatz (T. 1–6) und einem entwickelnden Nachsatz (T. 7–19) zusammen, der in eine Kadenz in F mündet (T. 14–15). Die Takte 12–

15 werden durch abgewandelte Wiederholung (T. 16–19) «gerahmt» und für eine angehängte Kadenz in a-Moll benutzt.

Derselbe Modulationsplan liegt, ausgehend von a-Moll, dem zweiten Teil (T. 19–37) mit Kadenzen in C-Dur und e-Moll zugrunde. Der dritte Teil (T. 39–57) hat Durchführungscharakter. Im Modulationsplan c-Moll – Des-Dur – d-Moll wird wie in den beiden ersten Teilen, eine Dur-Tonart eingerahmt von zwei Moll-Tonarten. Die Restitution des d-Moll-Dreiklangs (T. 50ff.) ist als Teil der Durchführung ausgewiesen dadurch, dass sie thematisch der Des-Dur-Passage (T. 42ff.) folgt und diese Figur mit Abspaltungen und Sequenzierungen fortführt und aufgipfelt (T. 53ff.).

Das zwei Jahre nach op. 28 entstandene Prélude **op. 45** cis-Moll ist ein selbständiges Stück und steht außerhalb zyklischer Bindung. Motivische Gestalten treten als Randlinien hervor innerhalb eines figurativen Gewebes, das während des gesamten Stücks die Hauptsache bleibt und das Medium bildet, in dem der ständige Wechsel harmonischer Beleuchtung sich zeigt.

In einer groß angelegten Kadenz wird das gleichförmige harmonische Tempo plötzlich verschärft. Ein Moment von Distanzierung und Rollenspiel wird aktiviert. Das Prélude erweckt, vor allem auch durch den kadenziellen Einschub, den Eindruck einer ausgeführten selbständigen Komposition.

4 Variantenprozesse: Fantasien

Der Terminus Fantasie ist zu Chopins Zeiten keine generische Bezeichnung. Er wird im 19. Jahrhundert als Sammelterminus für Kompositionen verwendet, die sich den geläufigen Einteilungen der Formen und Gattungen entziehen. Repräsentanten der Generation 1810 haben sich deutlich dagegen ausgesprochen, die Fantasie zum abstrakten Gegenpol der klassischen Sonate zu machen und sie als Exponent «romantischer» Freiheit einer «klassischen» Strenge und Disziplin gegenüberzustellen. Schumann erwartet auch von der Fantasie, dass sie die Grundlagen musikalischer Rationalität respektiere. «Der Titel mag vieles entschuldigen, aber nicht Alles.» Zu fordern sei von der Fantasie ein

> innerliche(r) Faden, der auch die phantastische Unordnung durchschimmern soll, will sie anders im Bezirk der Kunst anerkannt werden. (Schumann 1854, IV, 201)

Die beiden bedeutenden Kompositionen von Chopin, die das Wort Fantasie im Titel tragen, die *Fantasie* op. 49 und die *Polonaise-Fantaisie* op. 61, haben den Zeitgenossen Verständnisprobleme bereitet. Die Irritationen rühren nicht daher, dass man an klassischen Formen Maß genommen und Abweichungen von Normen bemängelt hätte, sondern dass der Ausdrucksgehalt, den der Komponist zugrunde legt oder anstrebt, für ungeeignet erachtet wird zu musikalischer Gestaltung generell (*Allgemeine musikalische Zeitung*, 17. Februar 1847).

Selbst Franz Liszt hat in seiner 1852 erschienenen Monographie Grundsatzkritik an der *Polonaise-Fantaisie* geübt.

> Elegische Traurigkeit herrscht darin vor, nur unterbrochen von heftigen Bewegungen, melancholischem Lächeln, unerwarteten Sprüngen, Ruhephasen, die von Zittern erfüllt sind (...), den Geist zu einem Grad von Erregtheit führt, der an Wahnsinn grenzt. Es sind dies Bilder, die der Kunst wenig günstig sind, wie Darstellungen aller extremen Augenblicke, aller Zustände von Agonie (...), in denen die Nerven (...) den Menschen zur passiven Beute seines Schmerzes werden lassen! Erbärmliche Anblicke, die der Künstler mit größter Zurückhaltung nur in seinem Bereich dulden darf! (Liszt 1880, 40; Übers. revidiert)

Anspielungen auf politische Umstände und auf die Lebenssituation des Komponisten fließen ineinander. Liszts Skepsis richtet sich auf die Frage, ob die Art von Material, die Chopin einsetzt, musikfähig ist. Der Schmerz finde allzu direkten Niederschlag in dem Stück. Es gelinge dem Komponisten nicht, ihn gestalterisch zu bewältigen. Der Einwand reicht über Fragen der Form und des zweckmäßigen Einsatzes kompositorischer Mittel weit hinaus.

Knapp drei Jahrzehnte später hat Liszt seine Kritik zurückgenommen und seine Beurteilung der späten Werke insgesamt revidiert. In einem Brief von 1876, in dem es um eine geplante Neuauflage des Chopin-Buchs geht, weist er auf die Notwendigkeit einer Korrektur hin:

> 1849 habe ich die intime Schönheit der letzten Werke von Chopin noch nicht begriffen: Polonaise-Fantaisie, Barcarolle – und hatte Vorbehalte gegen ihren kränklichen Ton. Heute bin ich voller Bewunderung für sie. (Brief an Carolyne von Sayn-Wittgenstein, 1. Januar 1876)

Liszts veränderte Beurteilung der späten Werke Chopins spiegelt Veränderungen seines eigenen Komponierens wider, zugleich aber der Situation des Komponierens insgesamt. Liszts Selbstkorrektur zeigt, dass aus der Perspektive der sich formierenden Musikalischen Moderne, der Musik der Jahrhundertwende, Licht auf Chopins Spätwerk fällt, auf Fantasien, *Berceuse* und *Barcarolle*.

***

In den Fantasien hat Chopin die Variantentechnik, die aus dem figurativen Komponieren entstanden ist (vgl. Kapitel IV.1), in einer Weise radikalisiert, die erst im Rückblick von der Musik der Jahrhundertwende durchsichtig wird. Die Bestimmungen des Begriffs der Variante, die Theodor W. Adorno entwickelt, um das sinfonische Komponieren Gustav Mahlers zu beschreiben, treffen Chopins Fantasien in einem erstaunlichen Maße.

> Die Mahlersche Variante ist die technische Formel für das episch-romanhafte Moment der immer ganz anderen und gleichwohl identischen Gestalten. (Adorno, *Gesammelte Schriften* 13, Frankfurt/Main 1971, 233)

Variantenprozesse lassen die Unterscheidung von Substanz und akzidentieller Modifikation verschwimmen.

> Kein Thema ist positiv, eindeutig da, keines wird je ganz fertig, endgültig; sie tauchen auf und unter im Zeitkontinuum, das von ihrer Unverbindlichkeit ebenso wie von der Stringenz der Abwei-

chungen selber wiederum konstituiert wird. (…) Das Verhältnis der Abweichungen zueinander, das Maß ihrer Nähe und Entfernung, ihre Proportionen und syntaktischen Beziehungen bilden die konkrete, auf keine allgemeine Regel zu destillierende Logik von Mahlers epischem Komponieren. (Adorno, 235)

Die Kompositionsweise der *Polonaise-Fantaisie* **op. 61** antizipiert den «Mahlersche(n) Nominalismus, (die) Kritik der Formen durch den spezifischen Impuls» (Adorno, 249). Die konstruktiven Besonderheiten der *Polonaise-Fantaisie* sind Ergebnis der kalkulierten Polyvalenz des Variantenverfahrens, weniger, wie in anderen Gattungen der Chopin'schen Klaviermusik, Wirkung der performativen Situation.

In Takt 22/24 ff. der *Polonaise-Fantaisie* betritt eine charakteristische Gestalt die Bühne. Die diastematische Substanz der Außenstimmen (T. 24/T. 25) wurde in der Introduktion entwickelt (T. 4, T. 10 ff., T. 15 ff.). Den Anstoß zur Gestaltbildung gab eine Bassfigur, ein kleiner dunkler Geselle (T. 4–5). Thematische Qualität gewinnen die Takte 22 ff. durch den Polonaisen-Topos und die Feststellung der Ausgangstonart As-Dur (T. 27). Zum Thema im engeren Sinn, das einen formalen Prozess initiiert und trägt, taugt das Gebilde nur bedingt, einmal wegen harmonisch-syntaktischer Instabilitäten (T. 34) und zahlreicher Ausweichungen, die der ersten As-Dur-Kadenz unmittelbar folgen, zweitens wegen der internen Struktur des Basis-Viertakters (T. 24–27). Der Gedanke besteht aus einer engen Pendelbewegung b'-c" zu Beginn und am Ende sowie einem expandierenden Element in der Mitte, in dem der melodische Verlauf plötzlich zur Sext geweitet wird. Diese symmetrische Anordnung kontrastierender Bestandteile wird von manchen Kommentatoren als statisch-aktiv-statisch beschrieben (Anthony Newcomb in: Rink/Samson 1994).

Von dem «eingerahmten» aktiven Element gehen vielfältige Entwicklungen auf mehreren Ebenen aus. In gestauchter und erweiterter Form spielt es eine Rolle innerhalb des Hauptsatzes – in der Oberstimme dort, wo es zur vorzeitigen Kadenz in As kommt (T. 32–34), und als Bassfigur, als *revenant* gleichsam seiner ersten Vorform in der Introduktion (T. 38 ff., vgl. T. 4). Es bildet aber auch den Kern der neuen Gestalt in T. 66 f., die von manchen Kommentatoren zum zweiten Thema erklärt worden ist (Leichtentritt 1921, 112), von anderen als «unmistakable closing gesture» gehört wird, ohne dass es etwas zu schließen gäbe (Newcomb, 93). Die Metamorphosen, die der zentrale Abschnitt aus dem Hauptsatz-Genom durchläuft oder auslöst, stützen keinen formalen Grundriss, weder funktional noch tonal. Zusammen mit Varianten des kompletten Hauptthemas (T. 94) und mit dem Polonaisen-Topos, der im Bereich des vermeintlichen Seitensatzes immer wieder durchscheint (T. 68 f., T. 74 ff., T. 80–87), bilden die Ableitungen aus dem Mittelstück ein komplexes Geflecht, dessen mehrdeutige Logik entsteht, weil prägnante Bestandteile im Medium figurativer Varianten aufgelöst werden. Kontrast und Identität sind gleichermaßen vermieden. Alles ist ähnlich, aber immer anders. Es herrscht die von Adorno an Mahler beschriebene polyvalente Logik von Varianten.

Das Vexierspiel von Identität und Alterität erreicht seinen Höhepunkt in den Takten 116–151. Der B-Dur-Gedanke (T. 116), der deutliche Bindungen an den Hauptsatz aufweist und insoweit das Feld von Varianten nur erweitert, gewinnt Eigenständigkeit dadurch, dass er einen neuen Charakter ins Spiel bringt, den Nocturne-Topos. Die anschließende Überführung und Auflösung der Gestalt ins Figurative liegt hier in der Logik der Gestalt selbst, entspricht der Tendenz, die ein Nocturne von sich aus hat.

Dies zweideutige Gebilde, das kein neues Thema ist, aber einen neuen, fest umrissenen Charakter darstellt, also merkwürdig changiert zwischen dem Status einer Ableitung und einer selbständigen Gestalt, fungiert als verbindendes Glied zum stabilen, fest gefügten Mittelteil des Stücks (*poco più lento*, T. 148). Doch anschließend dient es (in modifizierter Form, die die motivische Nähe zum Hauptsatz verstärkt) auch dazu, überzuleiten aus dem Mittelteil in die folgende Reprise (T. 182/T. 214). Wie das Nocturne sich beim ersten Mal in der Anonymität von Skalen auflöste (T. 138 f.), so mündet es beim zweiten Mal in eine lange, ungewöhnliche Triller-Passage (T. 199–205). Und sogar ein drittes Mal tritt der Nocturne-Topos auf (T. 216), diesmal vermittelnd zwischen der verkürzten Reprise der Introduktion (T. 214–215) und der folgenden Reprise der thematischen Gestalten (T. 242 Reprise des Hauptsatzes, T. 254 Reprise des Themas des Mittelteils).

So entsteht das komplexe, von widerstreitenden Einzelzügen gekennzeichnete Gesamtbild einer dreiteiligen Form, in der zwei Themen als Hauptthemen ausgewiesen sind dadurch, dass sie in der Reprise triumphal wiederkehren, formale Aktivität jedoch von einem Derivat des Hauptsatzes ausgeht, das als Nocturne dem Polonaisencharakter des Hauptsatzes maximal kontrastiert. Diese Gesamtform ist mit exterritorialen Passagen klanglicher Dekomposition durchschossen, von der Introduktion über den Anfang des Mittelteils, die Trillerpassage am Übergang zur Reprise bis zur Apotheose der Coda (Newcomb, 98).

Auch in den auf Klang gestellten Teilen, in denen Beziehungsarbeit suspendiert zu sein scheint, wirkt das Variantennetzwerk der Gestalten und Teilgestalten. Die klangliche Charakteristik der Reprise, in der die Bassregion entschieden hervorgekehrt wird, hat eine Vorgeschichte, die über die wichtige Unterstimme des Mittelteils (zuletzt noch einmal aufgenommen in T. 206) zurückreicht bis zum gänzlich unvermittelten Auftritt der Bassfigur im vierten Takt der Introduktion. Der «dunkle Geselle» vom Anfang bestimmt das finale Geschehen. Die *Polonaise-Fantaisie* hat insofern einen teleologischen Zug, der an klassische Form erinnert.

> The ‹Romantic› composers are generally most classical when they are most free in form. (…) [Chopin] is usually most classical in free forms, because these have shaped themselves from the new material, just as the old classical forms shaped themselves from their own. (Tovey 1944, 163 und 165)

Während die *Polonaise-Fantaisie* Merkmale der Gattungen der Impromptus und der Scherzi teilt, steht die *Fantasie* **op. 49** den Balladen nahe. Die Sonatenhauptsatzform spielt eine tragende Rolle. Die Exposition gliedert sich deutlich in eine ausgedehnte

Einleitung, bestehend aus einer Marsch-Partie und einem freier präludierenden Teil (T. 43), ein erstes und ein zweites Thema (T. 68 bzw. T. 94), eine Schlussgruppe, die den Marsch-Topos in neuer, charakteristischer Weise aufnimmt und breit ausführt (T. 128). In der Durchführung (T. 156) und in der Reprise (T. 235) werden die tonalen Verhältnisse der Exposition fortgeführt. Für das gesamte Stück ergibt sich ein Grundriss, der auf Terzbeziehungen beruht und von f-Moll über As-Dur, c-Moll und Es-Dur (Exposition) führt und ausgehend von Ges-Dur/H-Dur (Durchführung und langsamer Satz, T. 200) zurückkehrt via b-Moll, Des-Dur, f-Moll nach As-Dur. Das Stück, das in f-Moll begonnen hat, endet in As-Dur. Man könnte auch sagen: Es beginnt und schließt mit dem Verhältnis f/As.

Die Durchführung hat Ges-Dur zum tonalen Zentrum. Das *lento, sostenuto* in H-Dur (T. 200) ist der Durchführung wie ein Kleinod eingefügt, steht zum Rahmen im Quintverhältnis (Ges/Fis – H) und hinterlässt trotz seiner relativen Kürze den Eindruck eines veritablen langsamen Satzes, weil durch Taktwechsel, charakteristische rhythmische Bildungen und Texturen eine sehr differenzierte und eigenständige Gestalt und Ausdruckssphäre entsteht.

Ungeachtet aller spezifischen Unterschiede sind der *Fantasie* und der *Polonaise-Fantaisie* so viele Züge gemeinsam, dass der Gedanke naheliegt, Chopin habe auch in diesem Bereich versucht, eine Gattung zu begründen. Die Gemeinsamkeiten umfassen: eine langsame Einleitung improvisatorischer Art (mit werkübergreifenden motivischen Bezügen), einen langsamen Satz als «Herzstück» (beide Male in H-Dur innerhalb eines As-Dur-Kontextes), eine dreiteilige Großform mit mehr bzw. weniger ausgeprägter Anlehnung an den Sonatenhauptsatz (Samson 1992, 120f.). Die Sachlage nötigt zu der Feststellung, dass der Komponist in den beiden Einzelstücken je ein «individuelles Allgemeines» anvisiert und also auch hier eine klassische Aufgabenstellung in modifizierter Form aufnimmt.

Chronologisches Verzeichnis der Klavierwerke

(Wenn nicht anders vermerkt, ist der Ort der Erstpublikation Paris und die Besetzung für Klavier solo.)

Zu Chopins Lebzeiten erschienene und von ihm mit einer Opuszahl versehene Werke:

Opus	Titel	Entstehung/ Erstdruck	Komm. auf Seite
1	Rondo c	1825/ED Warschau 1825	
2	Variationen über «Là ci darem la mano» B	1827–28/ED Wien 1830	87–88
3	Introduktion und Polonaise für Vc und Kl. C	1829/ED Wien 1831	
4	Sonate c	1828/ED posth. 1851	84–85
5	Rondo à la mazur F	1826–27/ED Warschau 1828	
6	Vier Mazurken fis, cis, E, es	1830–32/ED 1832	18
7	Fünf Mazurken B, a, f, As, C	1830–32/ED 1832	20–23
8	Klaviertrio g	1829/ED 1832	
9	Drei Nocturnes b, Es, H	1830–32/ED 1832	32–33
10	Zwölf Etüden C, a, E, cis, Ges, es, C, F, f, As, Es, c	1829–32/ED 1833	98, 100
11	Konzert für Kl. und Orch. Nr. 1 e	1830/ED 1833	76–77
12	Variations brillantes B	1833/ED 1833	
13	Fantasie über polnische Themen für Kl. und Orch. A	1829/ED 1834	
14	Rondo à la Krakowiak für Kl. und Orch. F	1828/ED 1834	
15	Drei Nocturnes F, Fis, g	1831–33/ED 1833	
16	Introduktion c und Rondo Es	1829/ED 1834	
17	Vier Mazurken B, e, As, a	1831–33/ED 1834	23–25
18	Grande Valse brillante Es	1833/ED 1834	51–52
19	Bolero C/A	1833–34/ED 1834	

20	Scherzo h	1831–34 (oder später)/ED 1835	66–69
21	Konzert für Kl. und Orch. Nr. 2 f	1829–30/ED 1836	73–76
22	Andante spianato und Grande Polonaise für Kl. und Orch. G, Es	1830/35/ED 1836	49
23	Ballade g	1835/ED 1836	56–58
24	Vier Mazurken g, C, As, b	1833–36/ED 1836	
25	Zwölf Etüden As, f, F, a, e, gis, cis, Des, Ges, h, a, c	1833–37/ED 1837	100–106
26	Zwei Polonaisen cis, es	1831–36/ED 1836	47–49
27	Zwei Nocturnes	1833–36/ED 1836	33–34
28	Vierundzwanzig Préludes C, a, G, e, D, h, A, fis, E, cis, H, gis, Fis, es, Des, b, As, f, Es, c, B, g, F, d	1838–39/ED 1839	107–117
29	Impromptu As	1837/ED 1837	
30	Vier Mazurken	1836–37/ED 1837	
31	Zweites Scherzo b/Des	1835–37/ED 1837	67
32	Zwei Nocturnes H, As	1835–37/ED 1837	
33	Vier Mazurken gis, D, C, h	1836–38/ED 1838	25–28
34	Drei Valses brillantes As, a, F	1835–38 (Nr. 2 schon 1831?)/ED 1838	49, 52
35	Sonate b	1837, 1839/ED 1840	79–82
36	Zweites Impromptu Fis	1839/ED 1840	90–91
37	Zwei Nocturnes g, G	1837–39/ED 1840	
38	Zweite Ballade F/a	1839/ED 1840	58–60
39	Drittes Scherzo cis	1839/ED 1840	69
40	Zwei Polonaisen A, c	1838–39/ED 1840	42, 47
41	Vier Mazurken e, H, As, cis	1838–39/ED 1840	
42	Walzer As	1839–40/ED 1840	
43	Tarantella As	1841/ED 1841	
44	Polonaise fis	1841/ED 1841	42–45
45	Prélude cis	1841/ED 1841	117
46	Allegro de Concert A	1834, 1841/ED 1841	
47	Dritte Ballade As	1841/ED 1841	60–62
48	Zwei Nocturnes c, fis	1841/ED 1841	34–35
49	Fantasie f/As	1841/ED 1841	122–123
50	Drei Mazurken G, As, cis	1841–42/ED 1842	28–29
51	Drittes Impromptu Ges	1842/ED 1843	89–90
52	Vierte Ballade f	1842/ED 1843	62–64
53	Grande Polonaise brillante As	1842/ED 1843	42–43, 45–47
54	Viertes Scherzo E	1842/ED 1843	69–71
55	Zwei Nocturnes f, Es	1843/ED 1844	35
56	Drei Mazurken H, C, c	1843/ED 1844	29

57	Berceuse Des	1844/ED 1845	92–96
58	Sonate h	1844/ED 1845	82–84
59	Drei Mazurken a, As, fis	1845/ED 1845	
60	Barcarolle Fis	1846/ED 1846	96–97
61	Polonaise-Fantaisie As	1846/ED 1846	120–122
62	Zwei Nocturnes H, E	1845–46/ED 1846	35–39
63	Drei Mazurken H, f, cis	1846/ED 1847	
64	Drei Walzer Des, cis, As	1840–47/ED 1847	53
65	Sonate für Vc. und Kl. g	1846–47/ED 1847	

Posthum publizierte Klavierwerke (Zählung durch J. Fontana)

66	[Fantasie-]Impromptu cis	1834–35/ED 1855	89
67	Vier Mazurken G, g, C, a	1830, 1848–49, 1835, 1836/ED 1855	29–30
68	Vier Mazurken C, a, F, f	1830, 1827, 1830, 1849/ED 1855	30–31
69	Zwei Walzer As, h	1835, 1829/ED 1855	
70	Drei Walzer Ges, f, Des	1833, 1841, 1829/ ED 1855	
71	Drei Polonaisen d, B, f	1824–25, 1828, 1825–26/ED 1855	
72	Drei Ecossaisen D, G, Des	1829/ED 1855	
73	Rondo für zwei Kl. C	1828 Original f. Kl. solo/ED 1855	

Werke ohne Opuszahl, die zu Lebzeiten Chopins im Druck erschienen sind

Polonaise B	1817/ED 1834
Polonaise g	1817/ED Warschau 1817
Mazurka G	1825–26/ED Warschau 1826
Mazurka B	1825–26/ED Warschau 1826
Grand Duo concertant über Themen aus Meyerbeers «Robert der Teufel» für Vc. und Kl. E	1832–33/ED 1833
Beitrag zur Kollektivkomposition (Liszt, Thalberg, Czerny u. a.) «Hexameron». Morceau de concert.	1837/ED Mailand 1838

Grandes Variations de bravoure über den Marsch aus Bellinis «I Puritani», Nr. 6 von Chopin E	
Beiträge zu «Méthode des méthodes de piano» von Fétis und Moscheles (= Trois Nouvelles Études) f, Des, As	1839/ED 1839
Mazurka a, Beitrag zur Slg. «Six morceaux de salon» (Thalberg, Czerny u. a.) der Zs. Notre Temps	1840/ED 1841

Notenausgaben, Quelleneditionen und Sekundärliteratur

Gesamtausgaben

Sämtliche Werke, 21 Bände, Warschau/Krakau 1949–1961 («Paderewski-Ausgabe»)

National Edition of the Works of Fryderyk Chopin, hrsg. von Jan Ekier

The Complete Chopin. A New Critical Edition, hrsg. von John Rink, Jim Samson und Jean-Jacques Eigeldinger, Peters Leipzig (seit 2000)

Werkverzeichnisse

Krystyna Kobylańska, *Frédéric Chopin. Thematisch-bibliographisches Werkverzeichnis*, München 1979

Christophe Grabowski und John Rink (Hrsg.), *An Annotated Catalogue of Chopin's First Editions*, Cambridge 2010

Editionen sonstiger Quellen

Bronislas Edouard Sydow (Hrsg.), *Correspondance de Frédéric Chopin*, 3 Bde, Paris [1953–1981]

Krystyna Kobylańska (Hrsg.), *Fryderyk Chopin. Briefe*, Berlin/DDR 1983, Frankfurt/Main 1984

Ernst Burger, *Frédéric Chopin. Eine Lebenschronik in Bildern und Dokumenten*, München 1990

Frédéric Chopin, *Esquisses pour une méthode de piano* (hrsg. von Jean-Jacques Eigeldinger), Paris 1993

J. S. Bach, *Vingt-quatre Préludes et Fugues* (Wohltemperiertes Klavier I), mit Anmerkungen von Frédéric Chopin (hrsg. von Jean-Jacques Eigeldinger), Paris 2010

Sekundärliteratur

Alfred Cortot, *Chopin Etudes op. 10. Edition de travail*, Paris: Salabert o. J.

Ders., *Chopin Etudes op. 25. Edition de travail*, Paris: Salabert o. J.

Ders., *Aspects de Chopin*, Paris 1949

Carl Dahlhaus, *Die Musik des 19. Jahrhunderts*, Laaber 1980

Jean-Jacques Eigeldinger, *Chopin vu par ses élèves*, Neuchâtel [3]1988

Dieter Hildebrandt, *Pianoforte, oder Der Roman des Klaviers im 19. Jahrhundert*, München 1985

Vladimir Jankélévitch, *Liszt et la rhapsodie. Essai sur la virtuosité*, Paris 1979

Ders., *La musique et les heures*, Paris 1988

Ders., *Debussy et le mystère de l'instant*, Paris 1989

Hartmuth Kinzler, *Frédéric Chopin. Über den Zusammenhang von Satztechnik und Klavierspiel*, München und Salzburg 1977

Hugo Leichtentritt, *Analyse der Chopinschen Klavierwerke*, 2 Bde, Berlin 1921/22

Franz Liszt, *F. Chopin*, in: ders., *Gesammelte Schriften* Bd. 1, Leipzig 1880

Musik-Konzepte (hrsg. von Heinz-Klaus Metzger und Rainer Riehn), Heft 45 *Fryderyk Chopin*, München 1985

Friedrich Niecks, *Friedrich Chopin als Mensch und als Musiker*, 2 Bde, Leipzig 1890

John Rink, *Chopin. The Piano Concertos*, Cambridge 1997

John Rink und Jim Samson (Hrsg.), *Chopin Studies 2*, Cambridge 1994

Jim Samson (Hrsg.), *Chopin Studies*, Cambridge 1988

Ders., *Reclams Musikführer. Frédéric Chopin*, Stuttgart 1991

Ders. (Hrsg.), *The Cambridge Companion to Chopin*, Cambridge 1992

Claudia Schmölders, *Die Kunst des Gesprächs. Texte zur Geschichte der europäischen Konversationstheorie*, München 1979

Robert Schumann, *Gesammelte Schriften über Musik und Musiker*, Leipzig 1854

Mieczysław Tomaszewski, *Frédéric Chopin und seine Zeit*, Laaber 1999

Donald Francis Tovey, *Essays in Musical Analysis Bd. 3, Concertos*, London 1936

Ders., *Essays in Musical Analysis, Chamber Music*, London 1944

Angelika Varga-Behrer, *«Hut ab, Ihr Herren, ein Genie». Studien zur Chopin-Rezeption in der zeitgenössischen Musikpresse Deutschlands und Frankreichs*, Mainz 2010